U0102422

废帝与皇陵

金陵考古史话

黄秀纯 著

中国文史出版社

图书在版编目（CIP）数据

废帝与皇陵：金陵考古史话 / 黄秀纯著 . —北京：中
国文史出版社，2024.1
ISBN 978-7-5205-4301-9

Ⅰ . ①废… Ⅱ . ①黄… Ⅲ . ①陵墓—介绍—中国—清
代 Ⅳ . ①K928.76

中国国家版本馆 CIP 数据核字（2023）第 180218 号

责任编辑：刘华夏

出版发行：中国文史出版社
地 址：北京市海淀区西八里庄路 69 号　　邮编：100142
电 话：010 - 81136606 / 6602 / 6603 / 6642（发行部）
传 真：010 - 81136655
印 装：廊坊市海涛印刷有限公司
经 销：全国新华书店
开 本：787mm × 1092mm 　 1/32
印 张：9.625
字 数：190 千字
版 次：2024 年 3 月北京第 1 版
印 次：2024 年 3 月第 1 次印刷
定 价：62.00 元

代　序

　　金陵在中国历代帝王陵墓考古上是一个缺环。致缺之因，主要是历史上遭到人为破坏。金太祖在天辅七年（1123）死于部堵泺西行宫，葬于上京宫城西南，建宁神殿，无陵号。金太宗在天会十三年（1135）正月死于明德宫，二月建和陵，将太祖迁和陵，太宗亦于三月下葬和陵。金熙宗皇统四年（1144）撤和陵称号，以太祖陵为睿陵，以太宗陵为恭陵。这两座陵都在上京附近，太祖陵在宫城西南，今所在的夯土台基，传为宁神殿故基，和陵传在阿城县老母猪顶子山南麓，皆未经考古发掘所证实。另有金始祖以下十帝之陵也在上京附近，亦未见遗迹。它们肯定在海陵王迁陵时都遭到平毁，再求原貌，恐非易事。何况金初草创，制度未备，上京诸陵是否能全面反映金代陵制，尚有疑问。

　　贞元元年（1153）三月，金海陵王迁都燕京中都，命以大房山云峰寺为山陵，建行宫。五月，营建大房山山陵；自上京迁太祖、太宗梓宫，十月至中都；大房山行宫成，名曰磐宁。十一月改葬太祖、太宗陵寝于中都大房山，太祖仍号睿陵，太宗仍号恭陵。海陵王正隆元年（1156）七月，迁上京金始祖以下梓宫，十月抵中都，改葬始祖以下十帝于大房山。海陵王葬熙宗于大房山蓼香甸，与诸王同兆域。大定初号曰思陵，世宗大定二十八年（1188）改葬于峨眉谷，仍号思陵，恢复帝陵规制。海陵王死于扬州，先葬于大房山鹿门谷诸王兆域中，降为庶人后改葬于山陵西南四十里。世宗于大定二十九年（1189）葬兴陵。章宗于泰和八年（1208）葬道陵。北京房山金陵共葬始祖以下十帝、太祖以下五帝，有行宫，有两处诸王兆域，具有相当规模。但仅从文献上的记载，我们对陵园的布局、行宫的形制等陵寝制度并不清楚，这必须经现代考古学科学勘测和发掘才能获得真貌。

金朝灭亡（1234）以后的387年，即明天启元年（1621），明朝罢金陵祭祀，天启二年（1622）拆毁山陵，劚断地脉，天启三年（1623）又在陵上建关帝庙，为厌胜之术。明朝对金陵的破坏是非常彻底的，不但拆毁陵上地面建筑，而且挖开地宫，剖棺弃尸。从已发掘的金太祖迁葬的地宫破坏情况，可见当年毁陵之严重程度。另外，清入关后，恢复春秋两季祭陵，修复金陵，重建享殿。现在地面上的许多建筑遗迹多有清朝重建痕迹。从保存金陵遗址角度说，重建也是一种对原遗址的破坏。所以，北京房山金陵遗址经过明朝的破坏和清朝的重建，原貌顿失，为今后北京房山金陵的考古工作带来了许多困难。我们要从地下叠压的遗迹中，区分出清人的重建、明人的破坏部分，才能厘清金陵的原貌。

中国历代帝陵从秦始皇开始，陵园制度在发展过程中大体上经历了三个阶段的变化。秦汉魏晋南北朝为第一阶段，第二阶段是唐宋时期，第三阶段为明清时期。自北宋至明，经历了南宋、辽、金、西夏和元代（960—1368）四百余年，它们的陵园制度各有传承，各有特点。北宋帝陵延唐陵之旧，规模缩小。南宋偏安江南，都称"行在"，不建正规陵园，只在绍兴建攒宫藏子，厝灵柩于密闭的石椁内，上建殿堂，以待归葬中原祖陵，所以，攒宫制度与北宋帝陵制度是两种不同的葬制。蒙元陷临安后，拆皇城宫殿，改建寺塔，平毁绍兴攒宫，遗迹荡然无存。石藏子之制有苏州发掘的吴王张士诚母墓尚用此葬，谨此孤例而已。辽陵多承唐代依山为陵之制，建奉陵邑。西夏陵在仿北宋陵的同时，突出陵前建塔的特色。元人根本不建陵墓。金陵制度正如上述，尚待进一步考古工作的证实。它在唐宋帝陵和明清帝陵之间究竟起了什么传承作用，也亟待澄清。这就是北京房山金陵考古的学术价值所在。

北京房山金陵考古开始于1986年。这本报告是2001—2003年的阶段性考古报告，它透露给我们许多重要的历史信息。为了做好北京房山金陵的保护工作的长远规划，我建议：要全面勘测金陵的范围；探明各陵布局；对部分重要的地面建筑遗存做科学发掘，了解其形制；特别注重蓼香甸和鹿门谷诸王兆域的范围及诸王陵墓的保存状况的勘查，对北京房山金陵实施整体保护。

徐苹芳

2006 年 8 月 24 日

前　言

　　陵寝是中国古代墓葬的形式之一。《中国大百科全书·考古学》认为："人类将死者的尸体或尸体的残余按一定的方式放置在特定的场所，称'葬'。用以放置尸体或其残余的固定设施，称为'墓'。在中国考古学上，两者常合称为'墓葬'。"[①]这里所说的墓葬，大多指平民百姓的坟墓，由于规模较小，用土堆个坟头，叫作"坟"，或称"墓葬"。《葬经》说："葬者，藏也。"意思是把尸体用土埋藏起来，求得永生。"陵寝"则是对于中国古代帝王墓葬的一种特殊称谓。

　　古代建造坟墓，有着森严的等级制度。自西周开始，丧葬礼仪已走向制度化，管理王室贵臣墓葬的专职官员必须根据死者的官级和身份来确定墓室的规模和地面建筑标准。此外还设

────────────

　　① 王仲舒：《中国古代墓葬制度》，见《中国大百科全书·考古学》，中国大百科全书出版社1986年版，第665页。

有专门管理平民墓葬的职官。据史料记载，夏商周时期，人死之后，平地而葬，墓地上不起坟头，也不种树，这叫作"不封不树"。《周易·系辞下》："古之葬者，厚衣之以薪，葬之中野，不封不树。"《礼记·檀弓篇》称"古者墓而不坟"称"凡墓而无坟，不封不树者，谓之墓"。商周时期，帝王的坟墓仍称为墓，春秋时期，厚葬之风盛行，死者的坟墓越建越气派。坟头的封土逐渐高大起来，大都形状类似山丘，因此这类墓葬称为丘。清初顾炎武曾经做过考证，他在《日知录》中认为："古王者之葬，称墓而已。……及春秋以降，乃有称'邱'者，楚昭王墓谓之'昭邱'，赵武灵王墓谓之'灵邱'，而吴王阖闾之墓亦名'虎邱'，盖必因其山而高大者，故二三君外无闻焉。《史记·赵世家》：'肃侯十五年起寿陵'；《秦本纪》：'惠文公葬公陵，悼武王葬永陵，孝文王葬寿陵'；始有称'陵'者，至汉，则无帝不称陵矣。"[1]因此"陵"这一名称始于战国时期，而且，秦惠王规定"民不得称陵"。这也是帝王丧葬史上的一个分水岭，此后只有帝王的坟墓才可以称之为"陵"。

"陵"的本义是指高大的土丘，一种是以秦汉时期为主的"封山起陵"，规模宏大，又常依山而建，将封土堆积如山，故称山陵，如汉高祖的长陵、汉武帝的茂陵，都是这种风格。另一种是以唐朝时期为主的"因山为陵"，将陵建在山林中，防

---

① （清）顾炎武：《日知录》卷一五《陵》，上海古籍出版社1985年版。

盗效果比较好。从风水大师的角度，山林之间就是"藏风聚气"的地方，而且风景优美。唐太宗李世民的昭陵、唐高宗李治和武则天的乾陵都是选择"因山为陵"。明朝十三陵的布局和风格，标志着我国帝王陵寝制度已进入了成熟阶段。十三陵是一组规模雄伟、气势磅礴的陵墓建筑群，集建筑、园林、雕塑、绘画、山川、地理各种门类的艺术于一体，又是具有极高审美价值的风景名胜区。清代有"东西二陵"，也是这种风格，但规模远不及明十三陵。因古人相信人死后灵魂还在，对待死者应该"事死如事生"，如《荀子·礼论》"丧礼者，以生者饰死者也，大象其生以送其死也。故事死如生，事亡如存"，因而陵墓的地上、地下建筑和随葬生活用品均应仿照世间，故在帝陵旁边都有寝宫。在墓外还建有一系列用于装饰和祭祀的石雕、殿堂等，因为陵寝是一个以其穴为中心的庞大建筑群，故称"陵园"。

陵寝真正的大规模化始于秦始皇。《史记·秦始皇本纪》记载，始皇初即位，就在骊山营造陵墓，从全国征集劳工70余万人投入这项工程，规模极为浩大。穿透三层地下水，用铜铸棺椁；在地下造了一个足够百官上朝的庞大宫城；还藏进各种珍奇宝玩之物。为了防止有人进入这个禁区，命匠人造了机弩，装上箭镞，人来就射。此外，还用水银做百川江河大海，凭借机械力量，让水银流动不息。总之，上具天文，下具地理。为了永远照明，竟用娃娃鱼的油制烛点做长明灯。秦始皇死后，后宫凡无子女者，都殉葬。而且还把那些参加制造机弩和搬运财货入内的工匠，统统闭死地下，怕他们外出泄露其中秘密，招致意外。①其陵园平面呈长方形，有内外两重夯土围墙。内垣墙的北半部，有规模宏大的建筑群遗址，从所出夔纹大瓦当和巨型砖瓦推测应是秦始皇陵的寝殿所在。内垣东、西、南墙外，都有沿墙边建筑的廊房基址。陵园东边有始皇诸公子、公主的殉葬墓，有埋葬活马、陶俑的从葬坑，还有模拟军阵送葬的兵马俑坑。秦始皇开创的陵园制度，对后世帝王陵寝的建筑产生了深刻的影响，确定了秦以后陵寝制度的基本框架。②

历代统治者在灵魂不死的观念影响下，以为陵墓的营建与王朝兴衰安危密切相关，视陵墓的建造为"事体尊崇"，与宫殿、坊庙等建筑的营建是同等重要的重大工程。在中国历史上形成的独特的墓葬文化，也是数千年来源远流长的历史积淀。对这种文化现象，可以从各个不同的角度，多侧面全方位地、历史地、客观地进行探讨研究，取其精华，去其糟粕，对继承和弘扬中华民族传统文化，有着极为深远的意义和重大价值。

中国古代陵寝制度是中国传统文化的一项重要内容。它是中国传统礼乐文明的缩影，不同时期的陵寝制度反映了不同时

---

① 高一爷：《帝王陵》，世界知识出版社2004年版，第26页。

② 有关资料可参见王学理《秦始皇陵研究》，上海人民出版社1984年版；陕西省考古研究所等《秦始皇帝陵园考古报告》，科学出版社2000年版；陕西省考古研究所秦始皇陵园考古队《秦始皇陵》，见《中国考古学年鉴·2003年》，文物出版社2004年版，第348—349页。

期的文化思想和社会风貌。金代皇陵在中国历代帝王陵墓考古上是一个缺环。为填补这一缺环，北京市文物研究所于1986年开始对位于北京房山的金陵遗址进行考察，2001—2003年报国家文物局批准，对主陵区进行抢救性发掘。

大房山金陵鸟瞰图

目 录

第一章
历史沧桑话金陵

第一节 女真族起源

公元10世纪至14世纪，也是女真族形成、发展到金朝的建立和灭亡前后大约五个世纪时间里，在中国境内曾先后建立并对峙的有宋、辽、西夏、金、元及吐蕃、大理等数个王朝或政权。这些先后或同时建立并峙的各封建王朝中，有一个十分重要的由女真族建立的政权——金朝，在中国历史上曾经雄极一时。

女真族，别称"朱里真""女贞""女直"，今称满族，源自3000多年前的肃慎。《金史》卷一《世纪》记载："金之先，出靺鞨氏。靺鞨本号勿吉。勿吉，古肃慎地也。"[1]《三朝北盟会编》卷三载："女真，古肃慎国也。"肃慎是我国东北地区最早见于记载的古代民族。《史记·五帝本纪》载："唯禹之功为大，披九山，通九泽，决九河，定九州，各以其职来贡，不失

___FOOTNOTE___① （元）脱脱：《金史》卷一《世纪》，中华书局1975年版，第1页。

厥宜。方五千里，至于荒服。南抚交趾、北发，西戎、析枝、渠廋、氐、羌，北山戎、发、息慎，东长、岛夷，四海之内咸戴帝舜之功。"裴骃《史记集解》引郑玄曰："息慎，或谓之肃慎，东北夷。"可见，早在虞舜时，肃慎即与中原建立了某种程度的联系。女真族主源是黑水靺鞨，与先秦时期的肃慎、汉至晋的挹娄、南北朝时的勿吉、隋至唐初的靺鞨有着渊源关系。北魏时，勿吉有七部：粟末部、伯咄部、安车骨部、弗涅部、号室部、黑水部、白山部。隋代称"靺鞨"，而七部并同，《隋书》卷八十一："靺鞨，在高丽之北，邑落俱有酋长，不相总一。凡有七种，其一曰粟末部，与高丽相接，胜兵数千，多骁武，每寇高丽中。其二曰伯咄部，在粟末之北，胜兵七千。其三曰安车骨部，在伯咄东北。其四曰弗涅部，在伯咄东。其五曰号室部，在弗涅东。其六曰黑水部，在安车骨西北。其七曰白山部，在粟末东南。胜兵并不过三千，而黑水部尤为劲健。自弗涅以东，矢皆石镞，即古之肃慎氏也。"可见靺鞨是由众多部落组成，广泛分布在今黑龙江、松花江及乌苏里江流域，互不统属，但都为古代肃慎的后裔。

唐初有黑水靺鞨、粟末靺鞨，其他五部无闻。一支粟末靺鞨始附高丽，姓大氏。李勣破高丽，粟末靺鞨保东牟山。后来建立了史称"海东盛国"的渤海国，称王。传十余世。有文字、礼乐、官府、制度。有五京、十五府、六十二州，其文化深受唐文化影响，后被辽灭亡。共存在200余年。另外一支黑水靺鞨居古肃慎地，则是后来女真族主要来源之一。东濒大海，南与高丽国接壤，当初亦附于高丽国。尝以兵十五万众助高丽拒唐太宗，败于安世。开元中，来朝，置黑水府，以部长为都督、刺史，置长史监之。赐都督姓李氏，名献诚，领黑水经略使。其后渤海盛强，黑水役属之，朝贡遂绝。五代时，契丹尽取渤海地，而黑水靺鞨附属于契丹。宋朝人说女真族"本名朱里真，番语，讹为女真"。可见，朱里真是汉名。为避辽兴宗耶律宗真的讳，改称"女直"，也写作女质。辽朝女真族分布范围较广，南起鸭绿江、长白山一带，北至黑龙江中游，东抵日本海。居于咸州（今辽宁省开原市）东北至束沫江（今松花江）之间，以辉发河流域为中心的称之为"回跋"（回霸）；居于松花江以北、宁江州（今吉林省夫余石头城子）东北，直至黑龙江中下游的称之为"生女真"，居乌苏里江以东而近日本海的称之为"东海女真"。契丹人对女真族的政策，是实行"分而治之"。他们把强宗大姓骗至辽东半岛，编入契丹国籍，称为"合苏馆"，又作曷苏馆、合苏衮，是女真语"藩篱"的意思。这些人在其南都入了契丹籍，号熟女真。另一部分留居在粟末水（今松花江北流段）之北、宁江州（今吉林省扶余县）之东，在北者不在契丹籍，号生女真。黑水靺鞨后裔，是生女真的主体。后来建立了金朝的完颜部，就是生女真的一支，亦是黑水靺鞨的直系后裔。生女真地有混同江、长白山，混同江亦号黑龙江，所谓"白山黑水"是也。[①]

---

① 宋大川、夏连保、黄秀纯：《金代陵寝宗庙制度史料》，北京燕山出版社2003年版，第19—20页。

第二节　大金国建立前的女真族

　　女真族部落有几十个之多，其中以完颜部最强大。诸部都散居在长白山至黑龙江之间的广大地域，从事农耕、狩猎，多依山谷而居，用原木建造房屋和围墙。屋高数尺，屋顶没有瓦，而覆以木板、桦树皮或茅草，东向开门。屋内筑火炕，因为东北天气寒冷，所以饮食起居多在炕上进行。女真人多穿皮衣，富贵人家衣着貂鼠、青鼠、狐狸皮等，贫者衣牛、羊、马皮等，都为左衽。男子脑后蓄发辫，女子则在头顶盘发髻，头发上还有各种饰品。女真人饮食比较简单，多吃半生米饭并拌以生狗血、葱、韭菜之类，春夏时又多食粥。与米饭、粥同食的有生鱼肉、生獐肉，偶尔有烧肉。餐具多为木制的盆、碗、碟等。①

　　公元10世纪初，辽太祖阿保机开拓疆土时，长白山东麓的乙离骨岭，古高丽境内（今朝鲜咸镜北道咸镜山）一带，成为兵家交战多难之乡，居民纷纷迁走。大金始祖函普，史称景元帝，原来居于高丽境内，家有兄弟三人。老大阿古乃是个佛教

---

　　①（宋）徐梦莘：《三朝北盟会编》卷三，上海古籍出版社2008年版。转引自宋大川、夏连保、黄秀纯《金代陵寝宗庙制度史料》，第27—28页。

徒，留在高丽不肯离开，并且说："后世子孙必有能相聚者，吾不能去也。"老三保活里迁徙濒海地区的耶懒（今属俄罗斯境内）。老二函普，年逾六十，他来到了牡丹江之滨的生女真完颜部仆干水。函普所到的部落与另一部落虽然都是完颜部族，但两部落却因财产、土地、婚姻纠纷而长期恶斗，仇杀不断。完颜部的人对函普说："你如果能为部落里的人解此恩怨，使两个部落不再仇杀，部有贤女，会嫁给你。"函普到了那个部落，出面调停，平息了事态。作为酬谢，完颜部送给他一头青牛。为了在这里站稳脚跟，他用这头青牛作为聘礼和完颜部的一个六十岁老妇人的女儿结了婚，婚后生了两男一女，他和他的子女理所当然地就成了完颜部人。邻部落的人被说服了。函普到了完颜部又提出说："因杀一人而致两部落仇杀不断，怎比得上只制裁凶犯一人或用财物赔偿受损失的一方呢？"这六个部落里的女真人也被函普说服了。而后，函普又约定："凡有杀伤人者，征其家人口一、马十偶、牸牛十、黄金六两。"即今后凡是杀伤人者，就让他家出一个人到受害者家做奴隶；如赔偿损失，就出二十匹马、十头母牛、六两黄金。这便是最初的女真国俗。此外，他还确定了惩治盗贼的制度，引导完颜部人勤劳致富，"远近皆服，号为神明"。他因为制止氏族仇杀和立俗创制有功，不但得到了贤女和资财，还被众人推选为生女真完颜部首领。

函普立俗创制，主要是用经济惩治的办法唤起人们对生命价值和自我尊严的觉醒，从保证人口繁盛和内部团结这两个方面为女真的崛起打下了基础，使女真社会前进了一大步。

函普长子曰乌鲁，史称德帝。德帝长子跋海，史称安帝，相继接任。到了跋海之子绥可，史称献祖，即金之四世祖。献祖绥可，徙居海古水（今黑龙江省阿什河支流海沟河），改变了逐水草而居的落后生产、生活方式，耕垦田地，种植农作物，发展农业，筑室而居，从此定居于按出虎水之畔（今黑龙江省阿城市松花江南岸阿什河一带）。这里林木苍翠，土地肥沃，草原茂盛，女真族在这里安居乐业，进而发展农、牧、渔、猎各业和手工业。更因这里是山地和平原的接合部，且交通发达，进可攻退可守，军事地位非常重要。绥可率部众在这里发展，生产力水平很快就超过了北方其他各民族。他还引进冶铁技术，教人烧炭炼铁，用铁制造各种器具、舟船、弓矢和其他兵器。从此，这里就成了女真完颜部繁衍生息、发展繁荣、征服四方的基地。因此，在金朝发展的历史上，献祖绥可是一位成就女真伟业的奠基人。

献祖崩，传位长子石鲁，史称昭祖。为了改变生女真"无书契，无约束，不可检制"①的局面，而"稍以条教为治，部落寖强"②。"条教"之法的主要内容是：惩罚杀人犯时，由部中头目带兵同巫师一起去罪犯家中诅咒，将凶犯击脑处死，将其家人充为奴隶，财产掠取一空。亲戚可用牛、马、黄金赎回

---

① 《金史》卷一《世纪》，第3页。
② 《金史》卷一《世纪》，第4页。

凶犯的家人，赎金的六份给受害者，四份充公。对抢劫盗窃犯，可观其情节，或击脑处死，家人为奴，或令罪犯以所谋资财的七倍顶罪。昭祖"条教"法在当时情况下，对函普杀人偿物、盗物重罚制的发展并同女真萨满教（巫师）结合起来，形成一种特殊的震慑与征服力量。在不断改造女真旧俗过程中，巩固和发展了新兴的奴隶制，为以完颜部为核心的女真部落联盟的形成和发展积蓄了人力、物力和财力，使女真部落逐渐强大起来。而后昭祖开始四处征讨，"耀武至于青岭、白山，顺者抚之，不从者讨伐之，入于苏滨、耶懒之地，所至克捷"[1]。于是辽授予他惕隐之职，管理生女真诸部落。

昭祖崩，传位长子乌古乃，史称景祖。乌古乃为人宽厚、深沉，能容物容人，事事从大处着想。一生大智大勇，自治自强，使用计谋摒辽兵于国门之外。第一次是辽强行迁徙两个小属国的民众，致使许多人归附了女真完颜部。辽派武官领兵前来索取逃民，乌古乃对辽将说："你们驱兵入境，可能发生误解和冲突，而且也很难抓到逃民，如果此事由我们代劳，岂不更好？"就这样，辽兵驻扎在辽和生女真的界河边。第二次是辽属国五国部中的节度使拔乙门叛辽，辽国派兵征讨，须从完颜部境内经过。未等辽兵入境，景祖便主动要求讨伐拔乙门，又将辽兵拒之门外。从而减轻了辽对女真人的侵扰，维护了部族尊严，继续发展女真部落势力，"稍役属诸部，自白山、耶

---

[1]《金史》卷一《世纪》，第4页。

悔、统门、耶懒、土骨论之属，以至五国之长，皆听命"①。乌古乃任联盟长，并被辽任命为生女真部族节度使。但乌古乃为了不隶属于辽，不受辽的控制，而拒不接受辽的官印。但有了节度使一职，其在女真诸部落中更具权威。生生女真地无铁，乌古乃率部从邻国大量购进甲胄等铁制品，打造兵器、弓箭、备器械，兵势稍振。幹泯水蒲察部、泰神忒保水完颜部、统门水温迪痕部、神隐水完颜部，皆相继来附。

景祖乌古乃还具有远见卓识，对承袭大位的问题在临终前做了长远安排：承袭大位，以嫡生的"兄终弟及"为主；兄弟传完后，再于嫡生子中择优继位；然后，还是"兄终弟及"的嫡传。这种承袭方式，相对保证了女真政权的稳定、成熟与优化，防止了庸人为君和小儿误国的弊害。

景祖的妻唐括氏多保真生有五子：长子劾者、二子劾里钵、三子劾孙、四子颇剌淑、五子盈歌。二子劾里钵有器量有胆识，能成大业，按景祖遗志，于辽咸雍十年（1074）继任女真部族节度使、军事部落联盟长，史称金世祖。②

世祖去世后，乌古乃的第四子颇剌淑继位，史称肃宗。肃宗病逝，乌古乃第五子盈歌袭位，于辽大安十年（1094）继承节度使一职，史称穆宗。穆宗念其大哥劾者没有登大位，故任

---

① 《金史》卷一《世纪》，第4页。
② 《金史》卷一《世纪》，第7页。

其长子撒改为国相。①他采纳了其侄完颜阿骨打（劾里钵次子，即后来的金太祖）的建议，"教统门、浑蠢、耶悔、星显四路及岭东诸部自今勿复称都部长"②。另外，"穆宗之前，诸部长各刻信牌，交互驰驿，讯事扰人。太祖献议，自非穆宗之命，擅制牌号者置重法，自是，号令始一"③。可见，金建国之前的信牌，主要用于驿递，而且各部首领都有权颁发，以致纷扰混乱，削弱了完颜部的权力。完颜阿骨打建议穆宗取消各部颁发信牌的权力，而由穆宗统一颁发，违者重罚，从此号令统一。自景祖以来，经两世四主，其统治范围东南至乙离骨、曷耶懒、土骨论，东北至五国、主隈、秃答，终于完成了生女真诸部的统一，为日后灭辽立国打下了基础。穆宗崩，辽乾统三年（1103），世祖长子乌雅束继任节度使，在位11年，是为康宗。康宗二年（1104），打败了高丽的进攻，四年（1106），又败高丽兵数万，收复高丽所侵的曷懒甸地。之后，世祖第二子阿骨打即位，阿骨打在年轻的时候即已表现出卓越的才能。世祖对他寄了厚望，临终时嘱咐穆宗"乌雅束柔善，惟此子足了契丹事"④，也正是阿骨打帮助穆宗确立了完颜部在女真诸部中的统治地位。

---

① 《金史》卷一《世纪》，第13页。

② 《金史》卷一《世纪》，第14页。

③ 《金史》卷五八《百官志四·符制》，第1335页。

④ 《金史》卷二《太祖纪》，第17页。

第三节　阿骨打建国

完颜阿骨打于辽咸雍四年（1068）七月初一生于按出虎水之畔。阿骨打是世祖劾里钵的第二个儿子。母翼简皇后拏懒氏。他自幼聪明过人，力大无比，精于弓矢。从20多岁起，他就随父兄出征作战，不但勇猛顽强，身先士卒，而且见解超群，多谋善断，在与女真部落之间的斗争中，已成为了一员骁将。辽天庆三年（1113），阿骨打袭位为都勃极烈，翌年六月，袭节度使。在他叔父盈歌当政时期，他建议"统一号令"，使女真人的部落联盟得到进一步巩固。在军事上，一方面争取许多部族首领支持自己，一方面派专人囤积粮谷，购置生铁，打造兵器，使起兵伐辽的准备基本就绪。

辽乾统元年（1101），辽天祚帝即位以后，契丹统治者对女真族的压榨勒索有增无减。女真人定期向辽政府进贡各种特产如人参、貂皮、生金、名马、北珠、俊鹰（名为"海东青"）、蜜蜡、麻布等，其中海东青是辽帝最喜爱的猎禽，史称"辽人酷爱之，岁岁求之"。为了便于搜刮女真的财富，辽朝在完睹路（今完达山地区）设置障鹰官负责监督征捕，并开辟了由辽临潢府至黑龙江下游奴儿干城一条长达五千余里的"鹰路"。如"鹰路"出现障碍，影响辽使通行或贡运误期，以女真部酋长问罪。而且辽朝廷还派驻官吏对女真人施行残酷的民族压迫以至人身侮辱。面对腐败无能却又穷凶极恶的辽政府，阿骨打决定起兵反辽，取而代之。辽天庆三年（1113）阿骨打率部起兵，誓师涞流水（今拉林河口之西，松花江南岸石家崴子屯），拉开了抗辽建大金的战争序幕，率领女真人民摆脱辽的统治压迫。辽天庆四年（1114）九月，阿骨打调集各路女真部众2500人，在涞流水畔誓师，历数契丹罪行，号召所部同心协力共灭契丹。他说："世事辽国，恪修职贡，定乌春、窝谋罕之乱，破萧海里之众，有功不省，而侵侮是加。罪人阿疏，屡请不遣。今将问罪于辽，天地其鉴佑之。"①遂命令诸将传梃（一种象征权力的木棒）而发誓说："汝等同心尽力，有功者，奴婢部曲为良，庶人官之，先有官者叙进，轻重视功。苟违誓言，身死梃下，家属无赦。"②随即向辽政府军发动进攻，一举攻克宁江州（今吉林省扶余市东石头城子）。首战告捷，阿骨打派人招抚渤海人，说："女直、渤海本同一家，我兴师伐罪，不滥及无辜也。"③赢得了大部渤海人的支持。阿骨打还对女真人进行了整编，将三百户编为一谋克，十谋克编为一猛安，确立了金代著名的"猛安谋克制"，从而使女真人全民皆兵，亦兵亦民，战斗力大增，也大大削弱了女真的部落组织，有利于集中统一指挥。辽为防备女真人的进攻，十一月，派兵十万驻扎于鸭子河北。阿骨打率领女真部落3700人黎明渡河，与敌相

①②《金史》卷二《太祖纪》，第24页。
③《金史》卷二《太祖纪》，第25页。

遇于出河店（今黑龙江省肇源县西）。由于急行军，按时到达的女真士兵才有三分之一。这时，天空刮起了大风，尘埃蔽日。阿骨打趁着风势发起进攻，以少胜多，大败辽军，杀伤敌军及俘虏不计其数。这场战役后，女真军达到了万余人，而辽军曾传言女真兵过万就不可抵挡。从此，辽兵对女真充满了恐惧，往往不战即溃。

两次战役取胜后，完颜阿骨打和女真人充满了必胜的信心，建立自己的政权也就提上了议事日程。阿骨打之弟吴乞买（金太宗）及撒改、习不失等人劝他第二年元旦称帝，阿骨打不许。阿离合懑、蒲家奴、宗翰等人又劝说："今大功已建，若不称号，无以系天下心。"①阿骨打这才同意。辽天庆五年（1115）元旦，阿骨打正式登基，定国号大金，建元收国，建都于会宁府（今黑龙江省阿城市）。阿骨打成为金朝第一位皇帝，后庙号太祖。

从此金朝和辽朝又展开了争夺我国北方统治权的斗争。

为了女真新生政权的巩固和发展，阿骨打把"猛安谋克制"发展成军政合一组织；同时，他毅然废除了自景祖乌古乃以来所实行的"国相制"，确立了以皇帝和高级军政官员"勃极烈"所组成的领导核心。同时，阿骨打还颁布了招抚逃民、注重移民、优待降者、发展生产和军队不可扰民的政令，创制女真文字，唯才是举，这些成为金朝的基本国策，一直影响了

---

① 《金史》卷二《太祖纪》，第26页。

金朝几代英主。

金朝崛起，南方的北宋王朝开始幻想依靠大金国势力，收复被石敬瑭出卖的燕云十六州。出于这样的谋算，金天辅元年（1117），宋派使者从山东浮海去金探听虚实，商议双方联合灭辽之事。通过几年谈判，最终订立了"海上之盟"，双方约定共同出兵击辽，双方用兵以长城为界，长城以南的辽南京，由宋军负责攻取；长城以北的辽中京，由金军负责夺取。待夹击胜利后，宋收复石敬瑭割给辽的燕云十六州之地，将原本纳贡给辽的岁币改送大金国。天辅四年（1120），金军攻陷了辽上京临潢府（今内蒙古自治区赤峰市巴林左旗境内）。天辅五年，辽都统耶律余睹降，为此，太祖下诏："自余睹来，灼见辽国事宜，已决定亲征，其治军以俟师期。"①十二月，命完颜杲为内外诸军都统，完颜昱、完颜宗翰、完颜宗幹、完颜宗望、完颜宗磐等副之，大举进攻，以实现"中外一统的目标"。天辅六年（1122）正月，攻克辽中京（今内蒙古自治区宁城县境内），天祚帝逃出南京（今北京），奔至鸳鸯泺，又奔至西京（今山西省大同市）。金军攻陷西京，天祚帝又西奔至夹山（今内蒙古自治区包头市土默特右旗萨拉齐镇西北），在辽南京的辽朝大臣们拥立耶律淳为帝。不久耶律淳病死，由他的妃子萧后听政。与此同时，宋军北伐迟缓，及至白沟（今河北省容城县、雄县一带），与辽军遭遇，一战即溃。七月，宋派刘延庆

---

① 《金史》卷二《太祖纪》，第35页。

再次率兵攻打南京。由于辽常胜将军首领郭药师率部下投降了宋朝，宋徽宗又鼓起收复燕云的勇气，迫不及待地改燕京（南京）为燕山府，并促令刘延庆从速进军。刘延庆采纳郭药师的建议，乘萧干主力在前线，以轻骑突袭南京，但是在关键时刻，宋军非但未安抚城中百姓，反而下达了一条错误命令：杀尽城中契丹人、奚人，因此引起了强烈的反抗。而此时萧干也火速回援，宋军苦战三昼夜，仅郭药师及少数士兵逃脱，大部战士战死城中。至此，宋两次攻燕都告失败，始终没有攻克南京。腊月，金军攻入居庸关，左企弓、虞仲文等打开城门投降了金军，辽五京全部落入金军手中。

金天辅七年（1123）八月，金太祖阿骨打病死，终年56岁。其弟完颜吴乞买即位，是为太宗，改元天会。金天会三年（1125）二月，天祚帝在应州（今山西省应县）新城东六十里的余睹谷被金将完颜娄室所俘，辽亡。

金在攻下辽南京之后，于天会元年（1123年，北宋宣和五年），北宋要求按盟约规定收取燕云等地，但金朝以这些地方并非宋军攻下，拒绝交还。双方反复交涉，将南京及附近所属涿州、易州、檀州（今北京市密云区）、顺州（今北京市顺义区）、景州（今河北省遵化市）、蓟州（今天津市蓟县）等六州还给北宋；并以北宋每年增加一百万贯的岁币作为赎金，才达成协议。但是金军破坏了南京城防，掠夺大量财货，驱走居民30000余户，然后把一座残破不堪的空城还给北宋。宋金的"海上之盟"只是基于夹攻辽的短暂同盟，辽亡之后，宋金直接交界，双方战争也就不可避免。

不到两年时间，金人在俘获辽天祚帝，拔掉心腹之患以后，又卷土重来，乘胜南下攻宋。天会三年（1125）十月，金太宗下令伐宋。金军兵分两路，西路从云中（今山西省大同市）出发进攻太原，东路取道太原府南下。西路受阻于太原城下，遭到河东军民的顽强抵抗，长期被阻，但东路军在完颜宗望率领下，到达燕山府城，在燕京郊外白河（今北京市密云区白河峡谷）和古北口（今北京市密云区古北口镇）大败宋军，两天后，北宋守军郭药师降金。于是金军占领燕山府后即长驱直入，先后攻克保州、中山府、庆元府、信德府。宋徽宗禅位于其子，是为钦宗。宗望唯恐宋朝有所准备，且怕孤军深入，想要退军。但"郭药师曰南朝未必有备，言汴京富庶及宫禁中事非燕山之比。今太子郎君兵行神速，可乘此破竹之势，急趋大河，将士必破胆，可不战而还。苟闻有备，耀兵河北，虎视南朝，以示国威，归之未晚"①。完颜宗望听从了郭药师的建议，长驱直入，渡过黄河，于天会四年（1126）正月初七到达汴京城下。金军此时才不过万余人，难以攻克汴京。于是与宋议和。宋以康王赵构、少宰张邦昌为人质；宗望要求以黄河为界，割让太原、中山、河间三镇给金；宋除将原应纳辽岁币予金外，另增加100万贯，犒军银1000万两；宋皇帝称金皇帝为

① 《三朝北盟会编》卷二六，转引自周峰《完颜亮评传》，民族出版社2002年版，第11页。

"伯"，自为侄。二月，宗望撤军北还。金朝皇帝吴乞买在金上京听了宗翰、宗望的征战经过和议和后，便将克辽之后灭北宋定为基本国策，进而做了更为周密的部署。

一方面，宋朝的虚实情况已经尽为金所知，而且完颜宗望仅以万人之兵就直抵汴京城下，这大大增强了金灭宋的决心；另一方面，与金朝定盟的钦宗又开始毁约，令三镇将士坚守，朝廷又派兵增援。金朝得知，引起众怒，天会四年（1126）八月，金太宗命右副元帅完颜宗望、左副元帅完颜宗翰，分别率领东西两路人马长驱南下。这次，两军都进展迅速，宗望、宗翰先后抵达汴京城下。闰十一月，攻克汴京。天会五年（1127）二月，金废宋徽宗、钦宗为庶人。四月，金军撤出汴京，掠走徽、钦二帝及宗室、官员等三千余人，又将宋的礼器、法物、书籍、舆服、铜人、漏刻、州府县图及技艺工匠和教坊乐工尽皆掳掠而去。这就是历史上的"靖康之变"。至此，维持了168年（960—1127）的北宋政权被金朝所灭。

第四节　金上京诸陵

金朝帝王的陵寝几经建立、迁移、毁坏，再重修，破坏严重。为了更好地研究这段历史，2001年7月19日，原北京市文物研究所宋大川、齐心率领金陵课题组黄秀纯（笔者）、王丹、付幸、董育刚、许修堃、王殿平等一行九人，赴黑龙江省考察了金上京历史博物馆、金上京会宁府遗址、金太祖陵、和陵等古迹，通过此次考察，我们了解了金上京皇陵的历史和现状，为金代帝王陵寝的研究提供了宝贵的参考资料。

金代在立国前，其宗庙、丧葬依女真风俗，并无制度可言。阿骨打建国后，都于会宁府。立国之初本无宗庙，祭祀亦不修。自平辽之后，所用执政大臣多为汉人，往往说以天子之孝在于尊祖，尊祖之事在于建宗庙。因此，金朝开始修建宗庙，最初庙貌、祀事虽具，但制度非常简略。

金上京，俗名"白城"，位于今黑龙江省阿城市南四里，是我国女真族建立的金朝早期都城。海陵王迁都前，这里建有金太祖前十帝陵，金太祖、金太宗陵及宗室墓、贵族墓等，其中重要的有金太祖陵、胡凯山和陵。

一、金太祖陵

金初都上京时，"本亢山陵。祖宗以来，止卜葬于护国林之东，仪制极草创"[1]。护国林在上京城西，又称西林。金太祖完颜阿骨打的初葬陵址，在黑龙江省阿城市南郊，东距金上京会宁府遗址约300米，是个林木掩映的大土台，当地俗称"斩将台"。现陵址呈覆斗形，高约13米，由封土堆积而成，周

---

① （宋）宇文懋昭：《大金国志校证》附录二《金虏图经·山陵》，中华书局1986年版，第596页。

完颜阿骨打的初葬陵址

长百余米，占地面积约 1000 平方米。陵冢为夯土筑成，夯土层厚 4~10 厘米，黑黄土相间。历年来在陵址周围曾发现大量的绿琉璃瓦、布纹瓦、板瓦、凤纹瓦当、奔鹿行龙纹雕砖等，并发现两根南北并列的花岗岩石柱，柱高 2.13 米，边长 0.47 米，各有一正方形础座，座高 0.23 米、边长 0.70 米。从这些建筑构件的发现来看，当年宁神殿的规模很大，建筑也是异常巍峨壮丽。

金太祖阿骨打一生以其雄才大略完成了建国、灭辽两件大事。太祖完颜阿骨打在长期的征战中，积劳成疾，于天辅七年（1123）八月，在返回会宁府途中病逝于部堵泺西行宫（今吉林省扶余县境内），终年 56 岁。收国二年（1116），他被尊为"大圣皇帝"，天会三年（1125），被谥为武元皇帝，庙号太祖。九月，"癸丑，梓宫至上京，乙卯，葬宫城西南，建宁神殿"①。《金史·礼志》载:"金初无宗庙……太祖葬上京宫城之西南,建宁神殿于陵上,以时荐享。"所谓的"宫城",应该指北城的太祖时期的皇帝寨。"国初无城郭,星散而居,呼曰'皇帝寨''相国寨''太子庄',后升为'皇帝寨'曰会宁府,建为上京。"②

宁神殿,金初称太祖庙、太庙,是金朝第一座宗庙。取名宁神殿,有安慰死者在黄泉之下安宁养神的意思。金太宗灭辽和北宋,将辽天祚帝和宋徽宗、钦宗二帝俘至京师,先后押解到阿骨打陵前祭拜金太祖,举行重大的"告庙"活动。据史料记载,当时宋徽宗、钦宗被俘至太祖庙时,"曾肉袒于庙外"③。据此可知,太祖陵初建时,四周应有城垣建筑。从这些建筑构件的发现来看,当年宁神殿的规模很大,建筑也是气势恢宏、雄伟壮观。

海陵王完颜亮迁都时,"正隆二年(1157)命吏部郎中萧颜良尽毁宫殿、宗庙、诸大族邸第及储庆寺"④。

宁神殿包括在被毁坏的诸寺之中,到金世宗时开始修复。金宣宗兴定初年(1217),金叛将蒲鲜万奴勾结上京行省完颜

---

① 《金史》卷二《太祖纪》,第42页。
② 付幸:《金陵散记》,见《北京文物与考古》第五辑,北京燕山出版社2002年版,第293页。
③ (宋)《呻吟语》,转引自付幸《金陵散记》,《北京文物与考古》第五辑,北京燕山出版社2002年版,第293页。
④ 《金史》卷二十四《地理志·上京路》,第551页。

太平，"太平受万奴命，焚毁上京宗庙"[1]，宁神殿、陵垣等建筑亦在其中，这是太祖陵的第二次被毁。因此，现在的金太祖初葬陵除高大的封土堆外，其他地面建筑皆荡然无存。

二、胡凯山和陵

胡凯山（老母猪顶子山）和陵位于黑龙江省阿城市山河镇，西北距金上京故城约50公里，为安葬金太宗吴乞买、改葬金太祖完颜阿骨打的皇陵。金太祖完颜阿骨打先于天辅七年（1123）九月初五，葬宫城西南。天会十三年（1135）二月己巳，上（太宗）崩于明德宫，年六十一，庙号太宗。同年二月改葬太祖于和陵，立开天启祚睿德神功之碑于燕京城南尝所驻

胡凯山和陵调查现状（1155年把太祖陵迁走后，和陵墓坑一直未动，原地保留）

---

[1]《金史》卷一百二十二《梁持胜传》，第2666页。

跸之地。三月，上（太宗）尊谥曰文烈皇帝，"乙酉，葬太宗于和陵"[1]。皇统四年，改号恭陵。

胡凯山东西横卧，坐北朝南，气势雄伟。主峰海拔764米，是阿什河上游地区最大的一座山。山的南坡比较宽阔平缓，山前为头道沟和二道沟合流处，地势平坦开阔，其东、西、南三面为阿什河环绕，顶峰处有一潭池水，终年不涸。这和金中都大房山皇陵的地势十分相似。按古代堪舆学说，是理想的风水宝地，因此，金初选择此处作为皇陵。

经考古调查，在阿什河东源，尚未发现金代遗址，而在西源老母猪顶子山西南坡的山坳中，却发现了东、西两座帝王陵墓，坐北朝南，相距近50米。西侧墓是砖室墓，已塌陷，墓前

笔者和同事在胡凯山和陵考察现场

① 《金史》卷四《熙宗纪》，中华书局1957年版。

有石人、石兽、石望柱、石龟趺等；东侧墓尚有封土，墓前只有龟趺。有学者认为，和陵初建时，只葬金太祖、太宗，因古代尚右的习俗，右（西）侧之后陵墓应是金太祖，即睿陵；左（东）侧之陵应为太宗陵，即恭陵。此外，在阿什河东岸的张广才岭山区也发现大量的金代陵墓，徽宗的兴陵和熙宗及其子英悼太子之墓都葬于此。①

金天会十四年（1136），熙宗追谥始祖函普景元皇帝，庙号始祖；乌鲁德皇帝；跋海安皇帝；绥可定昭皇帝，庙号献祖；石鲁成襄皇帝，庙号昭祖；乌古乃惠桓皇帝，庙号景祖。天会十五年（1137），追谥劾里钵圣肃皇帝，庙号世祖；颇刺淑穆宪皇帝，庙号肃宗；盈歌孝平皇帝，庙号穆宗；乌雅束恭简皇帝，庙号康宗。皇统四年（1144），熙宗将太祖陵命名为睿陵，太宗陵命名为恭陵。同时，将十世先祖之陵分别命以陵号。十祖之陵分别为始祖光陵、德帝熙陵、安帝建陵、献祖辉陵、昭祖安陵、景祖定陵、世祖永陵、肃宗泰陵、穆宗献陵、康宗乔陵。②据此分析，则十世先祖之陵应该也迁到了新陵区。因为太祖陵在上京近郊，距上京北城不足一里，不宜开辟陵区。因此，熙宗时又另选陵址，辟和陵。史料记载，"至景祖时，石鲁之子劾孙举部来归，居于按出虎水源胡凯山南。胡凯

---

① 景爱：《金中都与金上京比较研究》，《中国历史地理论丛》1991年第2期。

② 《金史》卷三《太宗纪》，中华书局1975年版。

山者，所谓和陵之地是也"。可见，和陵位于按出虎水即阿什河的发源地胡凯山。此后，熙宗又将太祖、太宗陵分别命陵号，并且将十世先祖以及其父徽宗分别迁葬至此。完颜亮时期，太祖、太宗以及十帝陵全部被迁往中都大房山皇陵。金天会十三年（1135），金世宗的父亲完颜宗尧"行次妫州薨，年四十，陪葬睿陵"①。世宗时期改葬大房山，号景陵。皇统二年（1142），英悼太子薨，"葬兴陵之侧"②。皇统九年（1149），熙宗被完颜亮弑杀，降为东昏王，"葬于皇后裴满氏墓中"③。世宗时期，被迁往中都金陵，号思陵。以上就是文献记载中，曾经埋葬于上京附近的金代皇陵陵主。大致有始祖以下十帝、太祖、太宗、徽宗、睿宗、熙宗及英悼太子等。当然，金初正值制度草创之时，陵制尚不规范，且其中大多数在完颜亮时期被迁往中都房山金陵，所以在上京附近没有留下太多陵墓遗迹。

　①《金史》卷十九《世纪补·睿宗》，第410页。
　②《金史》卷八十《熙宗诸子列传》，第1798页。
　③《金史》卷四《熙宗纪》，第87页。

第二章
海陵王迁都与建陵

第一节　海陵王篡位

完颜亮（1122—1161），生于天辅六年，字元功，女真名迪古乃，完颜阿骨打之孙，完颜宗干次子，母大氏。宗干是熙宗的伯父，熙宗生父完颜宗峻（太祖长子）早死。按照女真人的习俗，兄可收继其弟妇为侧室，兄死，弟亦如之。于是宗干也是熙宗继父。完颜亮自幼举手投足具有贵族风范，身上肌肉发达，颜值颇高。不仅如此，他天资聪颖，才思敏捷，做事沉稳，心怀机略，并极度崇尚汉文化。完颜亮出生时正是大金王朝崛起，灭辽、灭北宋前夕。宗干非常重视对后代的教育，专门聘请名师教育他们。"张用直，临潢人。少以学行称。辽王宗干闻之，延置门下，海陵与其兄充皆从学之。"①由于受到良好的教育，完颜亮年轻时，"好读书，学弈象戏、点茶，延接儒生，谈论有成人器。既长，风度端严，神情闲远，外若宽

---

① 《金史》卷一〇五《张用直传》，第2314页。

和，而城府深密，人莫测其际"①。金天眷二年（1139）张用直"以教宗子赐进士第，除礼部郎中"②。张用直将完颜亮一直培养到17岁，因此，完颜亮为感谢张用直对他的培养，即位后先后任张用直为签书徽政院事、太常卿、太子詹事。完颜亮曾对张用直说："朕虽不能博通经史，亦粗有所闻，皆卿平昔辅导之力。太子方就学，宜善导之。朕父子并受卿学，亦儒者之荣也。"③由于完颜亮汉文化功底深厚，他雅歌儒服，能诗善文，又爱和居住在金地的辽宋名士交往，品茶、弈棋、谈论古今，成为文韬武略兼备、神情闲逸、态度宽和之人。成年后，在克辽灭宋的战争中，完颜亮崭露头角。天眷三年（1140），以完颜宗弼（金兀术）为统帅的金军伐宋复取河南、陕西之时，熙宗以宗室子授予完颜亮封国上将军，并命其赴完颜宗弼军前效力。完颜亮作战骁勇，足智多谋。22岁时，升为行军万户，后被拜为骠骑上将军、龙虎上将军。完颜亮生性风流倜傥，志大才高，能言善辩，喜怒不形于色，而且极能揣摩人的心理。熙宗继位时，深忌其才，恐为后患，未敢大用。皇统七年（1147）完颜亮被召至朝廷任尚书左丞，熙宗对他语及"太祖创业艰难，亮因呜咽流涕，熙宗以为忠"。此后，熙宗对其倍加信任，与他深交的奚人萧裕也被推荐为兵部侍郎。皇统八年（1148）六月，完颜亮拜平章政事，后又被任命左丞相兼侍

①《大金国志校证》卷十三《纪年》，第185页。
②③《金史》卷一〇五《张用直传》，第2314页。

中，十一月升为右承相。皇统九年（1149）又兼任都元帅。这是完颜亮在熙宗一朝的最高官职。此时完颜亮已大权在握，志得意满，因而有时难免坦露心迹。高怀贞当时为尚书省令史，是完颜亮的心腹之一。"海陵久蓄不臣之心，尝与怀贞各言所志，海陵曰：'吾志有三：国家大事皆自我出，一也。帅师伐国，执其君长问罪于前，二也。得天下绝色而妻之，三也。'"①为了实现自己的第一大志，完颜亮注意延揽各方面人才，提拔了一大批亲信，同时广交贵族和学者名流，培植党羽。如金代著名文人蔡松年，时任左司员外郎。由于他曾是完颜宗弼的亲信，完颜亮对蔡松年更加亲密。"松年前在宗弼府，而海陵以宗室子在宗弼军中任使，用是相厚善。"②因为有这段经历，两个人关系一直很好。礼部郎中胡砺在完颜亮拜平章政事时，"百官贺于庙堂，砺独不跪。海陵问其故，砺以令对，且曰：'朝服而跪，见君父礼也。'海陵深器重之"③。完颜亮任宰相时，文武百官都要行令所禁止的跪拜礼，可见此时他特别嚣张，但对于违抗者却无丝毫责怪，由此也可以看出他的度量及延揽人才的手段。金代另一著名文人王竞，时为尚书礼部员外郎。"时海陵当国，政由己出，欲令百官避堂讳，竞言人臣无公讳，遂止。"④完颜亮并没有因王竞公开顶撞自己而怀恨

---

① 《金史》卷一二九《高怀贞传》，第2789页。
② 《金史》卷一二五《蔡松年传》，第2715页。
③ 《金史》卷一二五《胡砺传》，第2721页。
④ 《金史》卷一二五《王竞传》，第2722页。

在心。这些人因为得到完颜亮的好处，再加之熙宗昏庸无道，疑忌滥杀，因而他们只能与完颜亮站在一起，成为完颜亮谋弑的外围集团成员。

此时的熙宗除了沉湎于酒色之外，朝政一律不问，于是大权便旁落到了擅政的悼平皇后裴满氏手里。她独断专行，肆无忌惮，文武百官对她逢迎巴结。身为右相的完颜亮见此，也拜倒在悼后的脚下，与她勾结在一起。对此，熙宗早有所闻，只是佯装不知。皇统九年（1149）正月十六日是完颜亮27岁生日，熙宗下诏派近侍大兴国以司马光画像、玉吐鹘、厩马赐之，即表示将完颜亮视为金朝的司马光，是可以倚赖的重臣。悼平皇后裴满氏也让大兴国同时赐完颜亮生日礼物，熙宗知道后，大为震怒。这一方面是因为他与皇后不和，另一方面是怕皇后与重臣结成同党，于己不利，便下令追回皇后赐物，并将送礼人宫廷侍卫长大兴国杖打一百。"海陵本怀觊觎，因之疑畏愈甚，萧墙之变，从此萌矣。"熙宗从这件事也逐渐对完颜亮产生疑心，对他不再那么信任，当月即将他由右丞相降为左丞相。三月，又任命他为太保，领三省事，表面看似升官，其实却剥夺了他的实权。

熙宗即位之初年幼无知，把军政大权交给他的养父宗干和他的叔父宗弼，由两人共同辅佐朝政，依靠这两个铁腕人物排除异己，强化皇权，极尽享乐之能事，自己却没有任何值得称道的作为和建树。皇统元年（1141），先是宗干病逝，熙宗失去了一个主要支柱，好在朝政有宗弼主宰，熙宗仍可以高枕无忧地过着奢华的生活。皇统八年（1148），宗弼病逝，又一个支柱倒下，依赖性极强的熙宗开始惶惶不可终日，其政事日见荒疏。在矛盾众多和政治高压之下，熙宗更加骄奢淫逸、暴虐杀人、沉湎酒色，致使金朝腐败之风日烈，朝臣人人自危。于是"宰相入谏，辄饮以酒，曰：'知卿等意，今既饮矣，明日当戒。'因复饮"①。意思是，熙宗说："你的意见我已经知道，你先替我处理政务，我今天喝完，明天就戒。"熙宗日夜纵饮，不加节制，对宰相的进谏只是虚与委蛇而已，导致众叛亲离，完颜亮趁机谋反。

皇统七年（1147）四月，熙宗之女下嫁给左副点检蒲察阿虎特之子蒲察鼎寿，在便殿设宴。熙宗喝醉，让其弟胙王完颜元（常胜）喝酒，元不善饮酒，推辞之。熙宗大怒，拿剑逼着完颜元喝，完颜元借机逃走了。熙宗命左丞完颜宗宪把完颜元找回来，可是两人却一起跑了。熙宗更加愤怒，却又找不到发泄对象，"是时户部尚书宗礼在侧，使之跪，手杀之"②。熙宗仅仅因酒后一时之怒，就亲手杀了无辜的完颜宗礼，真可谓残暴已极。邓王之子阿楞和挞楞也被熙宗所杀；对于自己的亲骨肉也随意杀掉，济安太子未满周岁夭亡，熙宗将一妃子所生的儿子道济接到宫中，准备立为太子，没过多久，他酒后发狂，却无端杀了道济。小弟查剌本无罪，他也在盛怒之下将其无端

---

① 《金史》卷四《熙宗本纪》，第78页。
② 《金史》卷六九《胙王元传》，第1610页。

杀害，并将两家的所有人全部抄斩。同他玩乐的妃嫔，稍有不如意者，马上遣送回家处死，就连皇后裴满氏，最后也因由来已久的积怨而被熙宗杀掉。

皇统九年（1149）四月初，"太白蚀月。太史言不利于君，将大臣作乱。又有旋风从北向南吹，染练腾空，万民望之。上青下赤，落在内廷祥曦殿之侧，继而风雷大作，有龙自寝殿而出入，绕壁幕地衣，众人皆睹"①。"壬申夜，大风雨，雷电震坏寝殿鸱尾，有火入上寝，烧帏幔，帝趋别殿避之。丁丑，有龙斗于利州榆林河水上。大风坏民居、官舍，瓦木人畜皆飘扬十数里，死伤者数百人。"②这些本来都是正常的自然灾害，但熙宗将此视为"天变"。熙宗惊惧，遂大赦天下，命翰林学士张钧作赦文。完颜亮指使张钧在赦文中写了一些轻蔑金熙宗的话，熙宗震怒，命卫士将张钧拉下殿，杖打数百下，张钧仍未死。熙宗怒气未消，亲自用剑划开张钧的嘴，将其剁成肉酱。张钧是因为文字而惨遭杀害的金代个别官员之一，由此充分体现了熙宗的残暴与毫无理智。

熙宗施暴政，滥杀无辜，"每日窥觇左右近侍，不辨亲疏，唯有少不如意，恣情逞欲，手自刃之"③。为此，满朝文武人

①《三朝北盟会编》卷二一六引《神麓记》，转引自周峰《完颜亮评传》，第33页。

②《金史》卷四《熙宗本纪》，第86页。

③（宋）徐梦莘：《三朝北盟会编》卷二一六引《神麓记》，转引自周峰《完颜亮评传》，第33页。

人自危，"每日入朝，与亲戚相别而行"①，唯恐一去不回。这样朝不保夕的处境，使大臣们不知不觉地都站到了熙宗的对立面。熙宗的政敌越来越多，都渴望早日摆脱危险境地，从而为完颜亮谋取帝位创造了气候和土壤。

完颜亮为了篡夺皇位，结识了一批信得过的人，如完颜秉德、唐括辩、完颜乌带、李老僧、大兴国、徒单阿里出虎、仆散忽土、徒单贞等八人。其中最主要的谋士是唐括辩和大兴国。

唐括辩是熙宗之婿，娶代国公主，因此仕途顺利，官至参知政事、尚书左丞。皇统八年（1148）因"奉职不谨"，被熙宗杖责，因而心怀不满，与完颜秉德和完颜乌带密谋废立皇帝之事，大理卿乌带将此消息告知完颜亮。一天，完颜亮跟唐括辩聊到废立皇帝的话题，问："我辈不能匡救，且暮且及祸。若行大事，谁可立者？辩曰："无乃胙王常胜乎？"海陵问其次，辩曰："邓王子阿楞。"海陵曰："阿楞属疏，安立得。"辩曰："公岂有意邪？"海陵曰："若不得已，舍我其谁！"②由于两人交往过密，引起护卫将军特思的怀疑，就报告了皇后裴满氏。皇后又告诉了熙宗，熙宗非常生气，召唐括辩进宫责问道："尔与亮谋何事，将如我何？"③又将他杖责一番，并撤去

---

① （宋）徐梦莘：《三朝北盟会编》卷二一六引《神麓记》，转引自周峰《完颜亮评传》，第34页。

② 《金史》卷一三二《唐括辩传》，第2819—2820页。

③ 同上，第2820页。

尚书左丞一职，降为会宁牧。虽然仅数月后又恢复其尚书左丞的官职，但是此举加快了他与完颜亮等人谋弑的进程。完颜亮自从听了唐括辩的话后，认为胙王常胜和阿楞较自己更有威望，因而决心除掉这二人，扫去登基路上的绊脚石。由于熙宗酗酒越来越厉害，疑心病更重，时刻提防别人篡夺皇位，皇统九年（1149），河南有一个自称"皇弟按察大王"的士兵谋反，熙宗认为是自己的弟弟常胜指使，因而派亲信护卫将军特思审问，结果自然没有依据了。完颜亮利用这个机会，借熙宗之手杀掉了胙王常胜、阿楞。熙宗自剪羽翼，为完颜亮扫除了障碍。

大兴国是熙宗的近侍局直长，深得熙宗信任，未曾离熙宗左右。每到晚上，熙宗就寝后，大兴国可以将寝殿的钥匙带回家中，随时听唤熙宗招呼，以便入宫进殿侍候。然而，皇统九年完颜亮生日，大兴国因附带送皇后的礼物而被熙宗杖责一百，因而心怀不满。完颜亮通过李老僧作为中间人与大兴国结交。"兴国固辞不敢，口：'即有使，惟人王命。'海陵曰：'主上无故杀常胜，又杀皇后。乃以常胜家产赐阿楞，即又杀阿楞，遂以赐我。我深以为忧，奈何？'兴国曰：'是固可虑也。'海陵曰：'朝臣旦夕危惧，皆不自保，向者我生日，因皇后附赐物，君遂被杖，我亦见疑。主上尝言须杀君，我与君皆将不免，宁可待死，何如举大事。我与大臣数人谋议已定，尔以为何如?'兴国曰:'如大王言,事不可缓也。'"①完颜亮一番话打动了大兴国,使其参加了谋弑集团。由于大兴国握有熙宗寝殿的钥匙,有他的加盟,谋弑计划便成功了一半。

徒单阿里出虎,其父拔改与宗干为姻亲。皇统九年(1149),徒单阿里出虎和仆散忽土同为熙宗的护卫十人长。完颜亮想以二人为内应,许诺将女儿嫁给徒单阿里出虎之子,将谋弑计划告诉了他。"阿里出虎素凶暴,闻其言甚喜,曰:'阿家此言何晚邪,废立之事亦男子所为。主上不能保天下,人望所属惟在阿家,今日之谋乃我素志也。'"②

仆散忽土,此人出身微贱,完颜宗干曾经周济过他,并将他提拔为护卫十人长,因而他对宗干感激涕零。所以当完颜亮拉他加入谋弑集团时,他说:"苟有补于国王,死不敢辞。"③

皇统九年(1149)腊月初九,正赶上熙宗的女儿代国公主为其母亲到储庆寺上香,晚上就住在寺里,因而唐括辩才借机把谋杀集团成员集中到家里。是时,正轮到徒单阿里出虎、仆散忽土在熙宗寝殿值班,完颜亮决定乘此良机发动政变,夺取帝位。天近二更,大兴国拿来钥匙打开宫门,假传圣旨,诏驸马唐括辩进宫。二更时分,完颜亮、完颜秉德、徒单贞等人,将刀藏在衣服下,在大兴国的带领下进入皇宫,宫门的守卫因

---

① 《金史》卷一三二《大兴国传》,第2822页。

② 《金史》卷一三二《徒单阿里出虎传》,第2823页。

③ 《金史》卷一三二《仆散忽土传》,第2824页。

为唐括辩是驸马，对他们未加怀疑、阻拦。进宫后，完颜亮等人直奔殿门。此时熙宗听到殿外有脚步声，厉声喝问。众人屏住呼吸，站着不敢动。凶悍的十人长仆散忽土见此情景道："事已至此，再不动手迟矣！"说着自己推开殿门，几个人手持兵器一拥而入。熙宗惊起，忙寻枕边佩刀，却没想到早被大兴国事先藏起来了。徒单阿里出虎首先下手，仆散忽土又补上一刀，熙宗扑倒在地。"亮复前手刃之，血溅满其面与衣。"①

按《金史·熙宗本纪》记载，（皇统九年）"十二月己酉朔，上至自猎所。丙辰，杀妃裴满氏于寝殿。而平章政事亮因群臣震恐，与所亲驸马唐括辩、寝殿小底大兴国、护卫十人长忽土、阿里出虎等谋为乱。丁巳，以忽土、阿里出虎当内直，命省令史李老僧语兴国。夜二鼓，兴国窃符，矫诏开宫门，召辩等。亮怀刀与其妹夫特斯随辩入至宫门，守者以辩驸马，不疑，内之。及殿门，卫士觉，抽刃劫之，莫敢动。忽土、阿里出虎至帝前，帝求榻上常所置佩刀，不知已为兴国易置其处，忽土、阿里出虎遂进弑帝，亮复前手刃之，血溅满其面与衣。帝崩，时年三十一。左丞相秉德等遂奉亮坐，罗拜呼万岁，立以为帝"②。

杀害熙宗后，完颜秉德等对立谁为皇帝尚有疑虑。仆散忽

---

①《金史》卷四《熙宗本纪》，第87页。
②《金史》卷四《熙宗本纪》，第87页。

土说："始者议立平章，今复何疑？"于是众人"乃奉海陵坐，皆拜，称万岁"①。这样，完颜亮终于登上了梦寐以求的皇帝宝座，是为海陵帝，实现了人生大志的第一志。

熙宗死，完颜亮即对谋弑集团成员大加封赏，任命完颜秉德为左丞相兼侍中、左副元帅，唐括辩为右丞相兼中书令，完颜乌带为平章政事，仆散忽土为左副点检，徒单阿里出虎为右副点检，徒单贞为左卫将军，大兴国为广宁尹。另外为安抚未参加谋弑的大臣，"自太师、领三省事勖以下二十人进爵增职各有差"②。

经过一番准备，皇统九年（1149）腊月二十，完颜亮正式登基，大赦，改皇统九年为天德元年。颁布诏书：

朕惟太祖武元皇帝神武应期，奄有四海。以公心存天下，大器授于太宗。文烈厌代，不忘先训，凭玉宣命，属之前君，以统洪业，十有五年。而昏虐失道，人不堪命，宗族大臣协心正救之而弗悛。遂仰奉九庙之灵，已从废黜，亦既殂殒。宗族大臣咸以为太祖经营缔构，所繇垂统，推戴眇躬，嗣临天下。朕以宗社之重，义不获已。爰受命之初，兢兢若涉渊冰，未知攸济。尚赖股肱三事，文武百僚同心辅翼以底于治，宜布惟新之令，以弘在宥之恩。可从皇统九年十二月十一日改为天德元年。於戏！嗣守丕基，休于宗祏；永绥宇宙，尚轸黎元，咨尔

---

①②《金史》卷五《海陵本纪》，第93页。

多方，体予至意。①

完颜亮杀掉治国无术、残害朝臣的暴君金熙宗，似乎顺天意得人心，但毕竟是兄弟残杀，争权夺位。为了改变自身形象，完颜亮下决心诛杀反抗势力，树立皇帝至高无上权威，平定内忧外患，努力建功立业，实现全国统一。为此，在天德二年（1150）四月、十月，贞元二年（1154）正月，海陵帝先后杀掉了知道自己弑君底细的完颜宗翰之孙秉德及其家人30余口，罪名是谋反；唐括辩、徒单阿里出虎、仆散忽土、乌带、大兴国等也被他寻找各种借口、用尽各种手段杀掉。为了维护和巩固自己的统治地位，被屠杀的人员还有：金太宗吴乞买子孙十余人；左副元帅撒离喝及其子孙30余人；金太祖亲弟元帅完颜杲子完颜宗义弟兄子嗣100人；完颜宗弼子孙全部杀绝。对于降金的辽、宋宗室成员，海陵畏其伺机生变，也大肆进行屠杀。杀掉辽天祚帝子嗣30余人，宋徽、钦帝子孙100余人。完颜亮这种滥杀无辜的"不义"行为，也为其日后"军中倒戈"被杀埋下祸根。

---

① （宋）徐梦莘：《三朝北盟会编》卷二一六，转引自周峰《完颜亮评传》，第44页。

第二节　海陵王迁都

海陵王最大胆的改革，就是集政治、经济、军事改革于一体的迁都。

金灭北宋后，与南宋划淮为界，占有中原和中国北部的疆土，大金国还威服高丽、西夏等国，所辖地域广袤。尽管上京是金朝的初兴之地，但是随着金朝在北方统治的确立，其地理环境和自然条件严重制约着处于上升阶段的金国政治、经济、军事和文化等方面发展，已经不再适应当时的需要。海陵王野心勃勃，意欲一统天下，欲将首都迁往燕京（今北京）。海陵王迁都意向一表露，立即遭到女真贵族的强烈反对。他们以金上京是祖宗山陵所在和全国王气所钟为由拒绝迁都。但是为适应形势发展和统治中原的需要，迁都无疑势在必行。为了南侵中原君临天下，海陵王不顾当时朝臣及宗室的极力反对而迁都燕京，这是海陵王统治时期乃至金朝历史上的一件大事。

天德二年（1150）七月的一天，完颜亮在宫中宴请大臣的时候，右丞相梁汉臣比较委婉地劝完颜亮迁都。

"因问汉臣曰：'朕栽莲二百本而俱死，何也？'汉臣曰：'自古江南为橘，江北为枳，非种者不能，盖地势然也。上都地寒，惟燕京地暖，可栽莲。'帝曰：'依卿所讲，择日而迁。'萧玉谏曰：'不可，上都之地，我国旺气，况是根本，何可弃之?'兵部侍郎何卜年亦请曰:'燕京地广土坚，人物蕃息，乃礼义之所，郎主可迁都。北番上都，黄沙之地，非帝居也。'汉臣又曰:'且未可遽，待臣为郎主起诸州工役，修整内苑，然后迁都。'"①海陵王早有迁都意图，于是便接受了以上谏议。大多数大臣的意见渐趋一致，认为上京故都虽好，但转漕艰难而民不便，唯燕京乃天地之中，宜徙都以应之。

完颜亮从小受汉族传统文化教育，中原先进的物质文化和汉族传统文化对他有着极强的吸引力，而迁都更有利于他浸染其中。主观上，统一中国是完颜亮毕生追求的目标，要实现这一目标，都城就不可能定在偏僻的东北。所以完颜亮不顾女真贵族反对，乘机做迁都准备。

天德三年（1151）三月，完颜亮颁议"诏广燕城，建宫室"②。在此诏前，为征求大家意见又下一道诏书，上至公卿大夫下至黎民百姓都可以上言议论可否迁都。

昨因绥抚南服，分置行台，时则边防未宁，法令未具，本非永计，只是从权。既而人拘道路之遥，事有岁时之滞，凡申款而待报，乃欲速而愈迟。今既庶政惟和，四方无侮，用并尚书之亚省，会归机政于朝廷。又以京师粤在一隅，而方疆广于万里，以北则民清而事简，以南则地远而事繁。深虑州府申

---

① 《大金国志校证》卷十三，第186页。
② 《金史》卷五《海陵本纪》，第97页。

陈，或至半年而往复；闾阎疾苦，何由期月而周知。供馈困于转输，使命苦于驿顿，未可时巡于四表，莫如经营于两都。眷惟全燕，实为要会，将因宫庙而创官府之署，广阡陌以展西南之城。勿惮暂时之艰，以就得中之制。所贵两京一体，保宗社于万年；四海一家，安黎元于九府。咨尔中外，体予至怀。①

在这道诏书中，完颜亮尽管陈述了上京作为首都的种种不便，但还是委婉地提议将上京和燕京作为两京，同时经营，同样对待。但是仍有少数大臣不同意迁都，宗室完颜按答海就说："弃祖宗兴王之地而他徙，非义也。"②但是大多数官员都赞成迁都燕京，"是时，上封事者多陈言以会宁僻在一隅，官难于转输，民艰于赴诉，宜徙居燕山应天地中会"③。

为了尽快完成燕京宫室的兴建，完颜亮派了大批官员负责此事。他先命著名的土木专家张浩为修大内使，营造燕京金中都。张浩是辽渤海人，通晓汉族礼仪。太宗朝曾受命修缮大内。海陵即位后，提升为尚书左丞相，颇受重用。又任命金上京会宁府"新城"营建者卢彦伦为总负责，燕京留守刘筈为施工监护，由降金的原宋朝内侍梁汉臣做具体筹划，降

---

① （宋）李心传：《建炎以来系年要录》卷一六二《绍兴二十一年十二月癸巳》条，转引自周峰《完颜亮评传》，第86页。

②《金史》卷七十三《完颜按答海传》，第1683页。

③《三朝北盟会编》卷二四二引张棣《正隆事迹》，转引自周峰《完颜亮评传》，第86页。

金宋将孔彦舟为督工。于是尚书左丞相张浩、右丞相张通古、左丞蔡松年调动诸路夫匠筑燕京宫室，共计诸路工匠和士兵120万人。

燕京新都的兴建，动用了大量人力物力。"亮始营此都，规摹多出于孔彦舟。役民夫八十万、军匠共四十万作治数年，死者不可胜计。"[1]其所用民夫工匠都由各地征发而来，同时，"其所用军民夫工匠每四月一替，近者不下千百里，远者不下数千里。近者北归，往往半岁；远者得回，动是逾年。到家不月余，又复起发。其河北人夫死损大半，其岭北、西京路夫七八千人，得归者无千余人，可见人民冤苦"[2]。由于工期急促，难免造成疾疫流行，"既而暑月，工役多疾疫。诏发燕京五百里内医者，使治疗，官给医药，全活多者与官，其次给赏下者转运司举察以闻"[3]。有关它的建筑工事，后人有记载说："载运一只巨大木材的费用，多至二十万两；拖运一辆满载器材的大车，多至五百人。所有宫殿建筑都用黄金五彩加以修饰，单是一座宫室的完成，就要耗费以亿万计的金银。"

燕京都城设计出自孔彦舟之手，完全参照北宋汴梁城的规制，进行了大规模的城市改造和扩建。金上京的城池、宫殿原

---

①《三朝北盟会编》卷二四五引范成大《揽辔录》，转引自周峰《完颜亮评传》，第88页。

②《三朝北盟会编》卷二三〇引《崔陟、孙淮夫、梁叟上两府札子》，转引自周峰《完颜亮评传》，第88页。

③《金史》卷八三《张浩传》，第1862页。

本均很简陋，攻下汴梁城后，见到北宋都城宏大、宫殿豪华，极欲仿效，因此在新建的中都城中，处处可以察觉到汴梁城的影响。

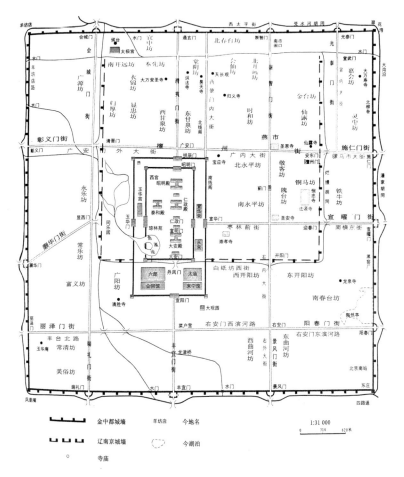

金中都复原示意图

金中都在辽南京城的基础上向东、西、南进行扩建和改建。大城的周长37里有余。它的位置相当于今天西城区西南部分，东城墙约在今四路通以北到麻线胡同，经潘家河沿、魏染胡同、南柳巷、北柳巷、大沟沿一线，东城墙的北端在西城区翠花街；南城墙在今凤凰嘴、万泉寺、三官庙、四路通一线；西城墙则在由凤凰嘴至木楼村的延长线上；北墙变化不大，仍沿袭辽南京北墙，位于白云观略北位置。据20世纪50年代的考古勘测，东城墙4325米，西城墙4087米，南城墙4065米，北城墙4486米，周长16963米。[①]大城略呈方形，每边各有三个城门，东为施仁门、宣曜门、阳春门；南为景风门、丰宜门、端礼门；西为丽泽门、颢华门、彰义门；北面有四门，分别为会城门、通玄门、崇智门，在金朝后期，在北城墙的东侧

凤凰嘴城墙遗址

---

① 阎文儒：《金中都》，《文物》1959年第9期。

又开了一个光泰门。几百年后的今天，大城早已化为废墟，如今，只有大城西南隅的凤凰嘴一带留有土城残丘；在今木樨地以南的地方，仍有一个叫会城门的地名，这是北面城墙上最西端的城门，如今仅留地名。

20世纪90年代初，在丰台区右安门外玉林小区，距凉水河（护城河）北50米处的一处住宅楼施工中，发现金中都南城垣水关遗址。水关又叫"水门""水窦"，是古代城市中河水流过城墙的进、出口。水关呈正南北向，河水由城内（北侧）流向城外护城河（今凉水河），南部为出水口，其平面呈"]["形。水关全长43.4米，过水面石的长度为21.35米，两厢石壁之间宽7.7米，南北两端入水口和出水口分别宽11.4米、12.8米。该建筑整体为木石结构，最下层基础竖着一排排地桩，木桩上铺设衬石枋（长方木）。衬石枋上放置一层或数层石板，过水面上部的石板

金中都水关遗址

用铁钉与下面的衬石枋固定，石板与石板之间用铁"银锭锁"相接。进出水口、泊岸两侧也埋有木桩。金刚墙及泊岸外侧用沙土夹碎石夯实，水关上筑城墙。该水关即在中都城景风门之间的南城墙下，是金中都城重要标志。水关的发现确定了金中都城自城西"西湖"（今莲花池）水进入都城至鱼藻池（今青年湖），过龙津桥向南穿过丰宜门和景风门之间的南城墙下流入金代护城河的确切水源路线。另外，水关的建筑结构，基本上符合宋代《营造法式》的"卷輂水窗"的作法，是研究我国古代建筑和水利设施的重要例证。①

宫城位于全城中央，规模宏大，周长九里三十步。东、西、南、北各有一门，分别为玉华门、宣华门、宣阳门和拱辰门。皇城正中为御道，两侧有栏杆。夹道有两条排水沟，沟外侧种植有柳树。柳树的东西各有一列曲尺形的千步廊，各有200余间，分为三节，每节各有一门。千步廊南端止于宣阳门内东西两侧的文、武楼，文楼在东，武楼在西，左右对称。东廊第二门内是球场，第三门是太庙，供奉太祖、太宗及完颜亮的父亲宗干等人。史载："迨亮徙燕，遂建巨阙于内城之南、千步廊之东，曰太庙，标名曰衍庆之宫，以奉安太祖旻、太宗晟、德宗宗干（亮父）。又其东曰元庙，以奉安元祖劾者、仁

---

① 齐心：《近年来金中都考古的重大发现与研究》，见《北京文物与考古》第四辑，1994年。

祖大圣皇帝杨割。"①原庙是供奉金建国之前的列祖列宗，"海陵天德四年，有司言：'燕京兴建太庙，复立原庙。三代以前无原庙制，至汉惠帝始置庙于长安渭北，荐以时果，其后又置于丰、沛，不闻享荐之礼。今两都告享宜止于燕京所建原庙行事。'于是，名其宫曰衍庆，殿曰圣武，门曰崇圣。"②城西为尚书省。皇宫正中称作"皇帝正位"，其后叫作"皇后正位"。其东是内省，西为十六省，是妃嫔居住的地方。再往西是"同乐园"的宫苑，里边有"瑶池""蓬瀛""柳庄""杏村"诸园。全部由汴京工匠造成，整个宫殿群错落有序，金碧辉煌。

据宋人范成大于乾道六年（1170）出使金国时所撰《揽辔录》一文记载，金中都的宫城内"遥望前后殿屋，崛起处甚多，制度不经，宫阙壮丽，工巧无遗力……其屏扆牕牖皆破汴都辇致于此"。可见，金中都宫殿不仅在建筑规制上参照了北宋汴梁城，甚至其所用的建筑材料，除去取自真定府（今河北省正定县）"潭园"的木料之外，也多是从汴梁城拆卸而来。据说汴梁城里宋徽宗建"艮岳"的太湖石，也被截运到中都。所谓"艮岳"，也叫"万岁山"，是宋徽宗在汴梁城用从各地征集的奇石，由人工培筑的一座假山。后人相传，现在北京北海公园白塔山上的许多玲珑剔透的太湖石，便是当初汴梁城内

---

① 《三朝北盟会编》卷二四四引张棣《金虏图经》，转引自周峰《完颜亮评传》，第99页。

② 《金史》卷三十三《礼志六》，第787—788页。

"艮岳"的遗物。①

　　都城历时三年建成，金天德四年（1152）二月，燕京新宫落成，海陵王率领文武百官，从金上京会宁府浩浩荡荡迁都，历经约13个月的长途跋涉，在天德五年（1153）三月终于抵达燕京，为庆祝迁都，改天德五年为贞元元年，改燕京为中都，府曰大兴，汴京为南京，中京为北京，辽阳府为东京，云中府（大同）为西京，以合五京之数。从而开启了北京作为首都至今870周年的历史。都城的迁移，标志着政治中心的转移。当时，会宁府一带的王公大臣、猛安谋克都应随迁中都，但有些完颜氏家族以会宁府乃祖宗陵寝所在为由，不愿意迁到燕京来。为了保证迁都的成果，永久地统治中原，消灭南宋小朝廷，海陵王平毁了金上京宫殿、宗庙及大贵族府第。

第三节　海陵王建陵

　　虏人都上京，本无山陵。祖宗以来，止卜葬于护国林之东，仪制极草创。迨亮徙燕，始有置陵寝意，遂令司天台卜地于燕山之四周。年余，方得良乡县西五十余里大洪山，曰大洪

---

　　① 邓辉、于希贤：《辽金时期北京城的规划与建设》，见《北京城市历史地理》，北京燕山出版社2000年版，第86页。

谷曰龙喊峰，冈峦秀拔，林木森密。①

金朝帝王陵寝原在东北上京会宁府，金之初，本无山陵，仪制极草创。金贞元元年（1153），海陵王迁都于燕京（今北京），改称"中都"。迁都不久，海陵王决定把皇家陵寝迁往中都，于贞元二年（1154）最终选定了峰峦秀拔、林木森密的大房山下大洪谷云峰寺的风水宝地为"万年吉壤"，决定迁祖宗陵寝于此。

贞元三年（1155）三月命以大房山云峰寺为山陵，建行宫其麓。于是"亮寻毁其寺，遂迁祖宗、父、叔，改葬于寺基之上，又将正殿元位佛像处凿穴，以奉安太祖旻、太宗晟、父德宗宗幹，其余各随昭墓序焉。惟亶被杀，葬于山之阴，谓其刑余之人不入"②。完颜亮毁掉云峰寺，在寺基上凿穴为陵，安葬太祖、太宗及自己的父亲德宗，并建行宫。

大房山是一座历史名山，主峰茶楼顶，俗称"猫耳山"。山脉西来北折雄亘于中都城西南，支脉逶迤，腾云作雨，如群龙出世，是中都一带少有的形胜之地。大房山东北有支脉九龙山，九龙山右侧有一岭于大房山下逶迤而南，这就是凤凰山。凤凰山以东岗峦起伏，与凤凰山形成了一道平坦开阔的山谷，由南向北，通过一道天造地设的"龙门"，直抵九龙山下，这就是大房谷。

---

①②《大金国志校证》附录二《金虏图经·山陵》，第596页。

大房谷尽头的九龙山下，林木茂密，青峰碧树掩映着一座规模宏敞的佛寺。于是海陵王决定以大房山下的九龙山为中心，在大房山麓营建山陵。

《大金国志》和《金虏图经》翔实地叙述了海陵王勘陵经过和大房山麓风貌。文中的"大洪山""大洪谷"即是大房山、大房谷。大房山北魏时已有此称，金代亦称"大房山"，而未见有大洪山之称。"龙喊峰"是九龙山主峰。史载，海陵王完颜亮将其祖父改葬于大洪谷龙衔寺，《大金国志》作"龙城寺"，九龙山下的佛寺《金史》作"云峰寺"，以史为正。

完颜亮迁陵建陵的活动在《金史》《大金国志》中有大量记载。

吏部尚书耶律安礼负责大房山营陵工程，中都大兴府尹苏保衡作为耶律安礼的助手，"督诸陵工役"①。

完颜亮为在大房山云峰寺营建山陵，先在山麓设立行宫，并在做出决定的两个月后即派人去上京迁移太祖、太宗灵柩。

五月派人去上京迁灵，当月完颜亮即去大房山督工。六月又派右丞相仆散师恭等去上京。七月中，他又去大房山督工，从辛酉到乙亥，停留十五天之久，因修工不力"杖提举营造官吏部尚书耶律安礼等"，责罚有关官吏。可见，完颜亮对营建

---

① 《金史》卷八十三·列传二十一，耶律安礼："改吏部尚书，护大房山诸陵工作。"《金史》卷八十九·列传第二十七·苏保衡："天德间，缮治中都，张浩举保衡分督工役。改大兴少尹督诸陵工役。"

山陵一事是十分重视的。其后，他继续亲自到大房山多次监督工程的进行。

海陵王八月又去大房山，在他到达的第三天，即破土动工，并对"役夫"给予赏赐。他回来后，再次派人到广宁（今河北省秦皇岛市昌黎县一带）迎灵。修陵刚刚破土动工，祖灵已迁来。反映海陵王营建山陵一事，时间非常仓促。

十一月乙巳朔，梓宫发丕承殿。戊申，山陵礼成。

完颜亮曾派两路人马分别奉迁了太祖、太宗、德宗及被降为东昏王的熙宗。按《金史》卷四《熙宗本纪》记载：熙宗"贞元三年（1155），改葬于大房山蓼香甸，诸王同兆域"，已故的完颜宗室诸王也一起奉迁到九龙山。

其后，完颜亮在正隆元年（1156）继续向中都迁陵。七月己酉，命太保昂到上京，奉迁始祖以下梓宫。八月丁丑，完颜亮再次去大房山视察山陵。九月辛酉，奉迁睿宗皇帝梓宫到了九龙山先安置在磐宁宫。十月乙酉，始祖以下十帝梓宫到了大房山并下葬，丁酉，返回中都皇宫。闰月己亥朔，整个大房山陵礼成，群臣祝贺。

完颜亮在正隆元年（1156）十月乙酉，将追封的开国前十帝的灵柩迁葬大房山陵园。一年中，完颜亮前后三次迁陵，基本上奠定了金中都皇陵的基础。

金世宗即位后，并没有改变完颜亮关于陵区的设置，只是在很小的范围内进行了调整。一是，专门为陵区设县，金大定二十九年（1189），为奉礼山陵，于良乡县西设万宁县，明昌二年（1191）更名为奉先县。二是，封山神，规定陵区的范围和祭祀制度。《金史·礼志》记载，大定二十一年（1181），敕封山地大房山神为保陵公，冕八旒，服七章、圭、册、香、币，使副持节行礼，并如册长白山之仪。其册文云：

皇帝若曰：古之建邦设都，必有名山大川以为形胜。我国既定鼎于燕，西顾郊圻，巍然大房，秀拔混厚，云雨之所出，万民之所瞻，祖宗陵寝于是焉依。仰惟岳镇古有秩序，皆载祀典，矧兹大房，礼可阙欤？其爵号服章俾列于侯伯之上，庶足以称。今遣官备物，册命神为保陵公。申敕有司，岁时奉祀。其封域之内，禁无得樵采弋猎。著为令。①

可见，大房山"山神"爵号在侯伯之上，为"公"，老百姓甚至以神呼之。

至此宗庙、陵寝及丧葬制度基本完备，后经章宗、卫绍王、宣宗等朝的营建，大房山金陵形成了一处规模宏大的皇家陵寝。

---

① 《金史》卷三十五《礼志八》，第820—821页。

第三章
金中都皇陵

第一节　地理位置

房山区位于北京市西南郊，东隔永定河与北京市大兴区相望，南部、西部分别与河北省涿州市、河北省涞水县接壤，北部、东部与门头沟区、丰台区相连，总面积2019平方公里。西部、北部为山区丘陵，东部、南部为平原，山地丘陵面积占2/3，平原面积占1/3。这里的山脉属太行山余脉，峰峦叠翠，溶洞奇谷颇多，永定河水自西北向东南纵贯全区。

房山区矿产资源较丰富，其中煤炭储量占全市第一位，大石窝村的大理石储量占44%，特产石材汉白玉。早在公元560年的北齐时代，大石窝村北云居寺的静琬大师就开始用这里的汉白玉雕刻工程浩大的石头书——石经。据《元史》载，元大都设有采石局，专门派人从各地采集名贵石料，其中汉白玉都采自房山大石窝。金陵陵区距大石窝村约5里，陵区建筑所用的汉白玉石料采自大石窝村是最便捷的途径。

金陵位于周口店镇西北十余里的龙门口村北大房山山脊，

清水洞　　　北岭　　门头沟　　永定河引水渠
　　　　　　　　　　　　　石景山　　　北京市
　　　　　　　　　　　　　　八宝山
　　　　　　　　　　　　　　　　　　广安门
　　　　　　潭柘寺　　　　　　　丰台
大石河　　　　　　　　　　永　　　　　南苑
　　　　　　　　　长辛店镇　定
金陵遗址　　　　　　　　河
　　　　　　　大紫草坞　良乡　长阳
猫耳山　龙门口　　　　　　　　　　大兴
黄山店　　房山
　　周口店镇　　　官道

▲ ┄┄ 金陵位置　　　比例尺　　　〰 ┄┄ 公路
━━ ┄┄ 铁路　　　0　5　10公里　　〰 ┄┄ 河渠

金陵地理位置示意图

九龙山金代皇陵远景

东南二里许紧邻燕山石化区。

大房山主峰茶楼顶俗称猫耳山，海拔1307米。金陵主陵区所在大房山主峰连三顶，北亘西接，连山叠嶂，形成西北—东南向的半环形地势，连三顶南矗立着苍翠欲滴的九龙山。九龙山峰峦秀出，林木掩映，分九脉而下，形成开阔的缓坡台地，金中都皇陵主陵区就坐落于九龙山的缓坡台地之上，占地6.5万平方米。

宋代宇文懋昭编《大金国志》卷三十三《陵庙制度》载："国初，祖宗止葬于护国林之东，迨海陵徙燕，始令司天台卜地于燕山之四围，岁余，方得良乡县西五十里大洪谷曰龙城寺，峰峦秀出，林木隐映，真筑陵之处。"

《金史》卷五《海陵本纪》记载：贞元三年（1155）三月"乙卯，命以大房山云峰寺为山陵，建行宫其麓"。

《金史》所记载的山陵所在——大房山，地接太行山处于"中华北龙"的主龙脉上，是一座历史名山。山脉西来北折雄亘于中都西南，支脉逶迤，云腾雾绕，犹如群龙出世，是中都周边难得的形胜之地。《房山县志》云："旧志谓境内惟此最雄，峰峦极秀者也。"

据《三朝北盟会编》转引《金虏图经·山陵》载，海陵王完颜亮将其祖父改葬于大洪谷龙衔寺（《大金国志》作"龙城寺"），又将正殿佛像元位凿穴为陵，以奉安太祖、太宗、德宗。九龙山下的佛寺《金史》作"云峰寺"。此地的形势"西顾郊圻，巍然大房，秀拔混厚，云雨之所出，万民之所瞻"[①]。

九龙山北接连泉顶，根据堪舆学，即"风水"的说法，九龙山分九脉而下，有明显的"行龙"痕迹。追山脉逆推，可见明显的"少宗""少祖""太祖"等龙脉。九龙山略低于北侧的大房山主峰连泉顶，符合"玄武垂首"之说；九龙山之东为绵延迤逦的山冈，是明显的皇陵"护砂"，符合堪舆学所谓"青龙入海"的"左辅"。九龙山之西为几个凸起的山包，亦是明显的皇陵"护砂"，乃"虎踞山林"之"右弼"。九龙山西北侧山谷中有泉水涌出，向东南流淌，千年不断，是明显的皇陵"水砂"，即所谓"朱雀起舞"。而九龙山对面的石壁山，是金陵的"影壁山"，此又称"朝山""彼岸山"，石壁山中央有凹陷，堪舆学将其附会皇帝批阅奏章、公文休息时搁笔之处，因此又称"案山"。金陵的主陵——太祖阿骨打陵，就坐落在九龙山主脉与"影壁山"凹陷处的罗盘子午线上。

第二节　历史沿革

房山的行政建制始于3000年前的西周初，周武王十一年（前1046）武王伐纣灭商封召公于北燕，其主城遗址在今北京市房山区琉璃河镇董家林村一带。春秋战国时期，房山为燕国

---

① 《金史》卷三十五《礼志八》，第820页。

的中都县。

秦始皇二十六年（前221）统一全国，实行郡县制，房山属广阳县所辖。

西汉，房山境内设广阳、良乡、西乡三县。

东汉，废西乡县，设广阳、良乡两县。良乡县属涿郡，广阳县属广阳郡。

三国魏晋时期，良乡、广阳县隶属幽州燕都。

北齐天保七年（556），良乡、广阳一同并入蓟县。武平二年（571），北齐又恢复了良乡县的设置。北周时良乡县属幽州燕郡。

隋初，良乡县初隶属幽州总管府，大业三年（607），隶属涿郡。

唐代，良乡县先后隶属幽州总管府、幽州都督府、幽州大都督府。

五代时期，良乡县隶属幽州。

辽会同元年，即五代后晋天福三年（938），辽置幽州督府，良乡为属县之一。辽开泰元年（1012）以后，良乡县改隶南京道析津府。

金灭辽，一度将燕京及附近六州归宋，北宋宣和四年（1122）于燕京设燕山府，良乡为属县之一。宣和七年（1125）燕京归金。金贞元元年（1153），海陵王迁都燕京，置永安府，良乡为属县。贞元二年（1154）改大兴府，良乡便隶属大兴府。

金大定二十九年（1189），为奉礼山陵，割良乡、范阳

（今属河北省涿州市）、宛平（今属北京市门头沟区、丰台区）三县地，于良乡县西设万宁县。明昌二年（1191）改奉先县，属中都路涿州。

元初袭金旧制，良乡、奉先两县行政归属未变。至元二十一年（1284）四月，良乡县属大都路总管府，奉先县属大都路涿州。至元二十七年（1290）二月，因奉先县内有大房山，改奉先县为房山县，仍属涿州。

明初，良乡县隶属北平府，房山县隶属北平府涿州。永乐元年（1403）正月始，良乡县直属顺天府，房山县隶属顺天府涿州。

清初袭明旧制。康熙二十七年（1688），房山、良乡两县隶属顺天府。

民国时期，1914年10月，两县同隶京兆地方。1928年改隶河北省。

中华人民共和国成立以后，房山、良乡两县属河北省通县专区。1958年3月7日，房山、良乡两县合并，成立周口店区，划归北京市管辖。1961年1月7日，撤销周口店区，设立房山县。1974年8月1日，在房山县34平方公里的行政区设立石油化工区办事处。1980年10月20日，撤销石油化工区办事处，设立燕山区。1986年11月11日，撤销燕山区，与房山县合并成立房山区。

第三节　金中都皇陵

金中都皇陵位于房山区大房山麓九龙山下，距广安门西南47.1公里，是金代皇帝、宗室及后妃等陵寝所在地。大金国是12世纪初东北女真人完颜氏建立的政权，在中国历史上曾经雄极一时。辽天庆五年（1115），阿骨打称帝，国号大金。金天会三年（1125）金灭辽。历经百余年，金天兴三年（1234），大金国灭亡。

在我国历史上，女真族是曾经起过重要作用和发挥过重要影响的一个民族，是中国历史上为数不多的几个建立过封建王朝的民族之一。12—13世纪，女真族建立的金朝发祥于按出虎水，进而统治半个中国，与南宋对峙而形成"南北朝"，中国历史上最后一个封建王朝——清朝的创造者满族，就是以女真族为主，吸收其他民族成分而形成的一个新的民族共同体。从辽天庆五年（1115）女真族首领完颜阿骨打称帝建立大金帝国，到金哀宗天兴三年（1234）金王朝被蒙宋联军灭亡，共传九主。其统治范围在当时曾超过与之并存的南宋、西夏两国国土面积的总和。金代在政治、经济、文化与习俗等方面不仅取得了其统治内的有效发展，还或多或少影响着同时期的其他国家和民族发展进程，甚至在后世直到今天仍具有重要的影响。

金代虽然是一个存在历史不算太长的朝代，但其两次迁陵的历史却在中国古代帝王陵寝制度发展史上产生了重要影响。

据文献记载和考古资料显示，金立国前始祖以下诸帝没有宗庙和陵寝，直至金太祖称帝建国开始，才有草创的陵寝及宗庙制度。《金史》卷三十《礼志》记载："金初无宗庙。天辅七年九月，太祖葬上京宫城之西南，建宁神殿于陵上，以时荐享。"考古调查发现，在位于今黑龙江省阿城市的金上京城遗址以西300米处有一个巨大土坛，俗称"斩将台"，即太祖武元皇帝陵。太祖由于两度迁葬，后来的陵园只存上京的衣冠冢及宁神殿，但是当时并没有陵号。到熙宗天会十三年（1135），改葬太祖、太宗于和陵（今胡凯山）。皇统四年（1144）改太祖陵号为睿陵，而太宗陵号未变。熙宗由于被海陵王所弑，始葬于其皇后裴满氏墓中，贞元三年（1155）改葬大房山峨眉谷，与诸王同兆域，没有陵号，到了世宗朝才得以追谥，陵曰思陵。

海陵王完颜亮，太祖庶长子辽王宗幹之子。他在政治上是个野心家，不仅发动宫廷政变弑杀前君熙宗、迁都和大规模地迁葬祖宗陵寝，在其统治期间穷兵黩武，残杀异己宗室，极力发动南下攻宋战争，而且生活上极端淫乱。尽管如此，我们也要客观地对待这个对金代和中国古代史产生过重要影响的历史人物。

当年海陵王不顾朝臣及宗室的坚决反对迁都燕京，主要目的之一是向南扩张，君临天下，统一全国。从金天德四年（1152）二月正式下诏迁都，到具体实施行动，历经约13个月的长途跋涉，在天德五年（1153）三月终于抵达燕京，并随即改元为贞元元年，改燕京为中都，府曰大兴。

都城的迁移，标志着政治中心的转移。事实上，原金国的都城在东北上京，随着金国经济、政治和军事形势的变化已经不再适应当时的发展需要。上京僻处一方，地理环境和自然条件严重制约着处于上升阶段的金国政治、经济、军事和文化等方面的发展。海陵王迁都不久，便断然展开声势浩大的迁陵和摧毁上京宫城及宗庙的行动，一方面彻底打击了守旧势力的政治基础，巩固了自己的统治；另一方面也开创了北京作为历史上第一个首都的营建局面。自此以后，北京虽经元、明、清数百年历史变革，但一直保持为古代中国政治、经济和文化的中心。时至今日，作为中华人民共和国的首都，北京承载着悠久的历史文化渊源。

完颜亮在修建中都新城及宫殿完工之后，于贞元元年（1153）迁都燕京，为了世世代代以中都为其统治中心并在观念上加以巩固，于贞元三年（1155）即决定把原在上京的祖先陵墓全部迁移，在中都建立新的陵寝。

根据史料记载并结合考古调查，大房山金代皇陵包括帝陵、坤厚陵（葬后妃）、诸王兆域（葬完颜氏宗室）。金代帝陵主要分布在大房山东麓的九龙山、凤凰山、连泉顶东峪。三盆山、蓼香甸、鹿门谷应是诸王兆域。此外还有大房山南侧长沟峪的坤厚陵区。建陵初期，出于安葬和谒陵、祭陵的需要，在山陵东端的入陵处建有行宫磐宁宫，章宗时期又在山陵制高点的大房山主峰茶楼顶建离宫、崇圣宫和白云亭。

九龙山主峰之下，原有大洪谷龙衔寺（云峰寺），海陵王拆毁云峰寺，并在寺基佛像之下凿穴为陵。贞元三年（1155），海陵王把太祖旻、太宗晟、父德宗宗幹葬在九龙山，其余各随昭穆序。大金立国前的始祖以下十帝陵，他们原本是部落首领，立国后尊以帝号并设置陵位。正隆元年（1156）十月，海陵王把十帝陵也从上京迁至大房山葬在帝陵区。他们分别是：

始祖景元帝完颜函普，葬光陵

德帝完颜乌鲁，葬熙陵

安帝完颜跋海，葬建陵

献祖完颜绥可，葬辉陵

昭祖完颜石鲁，葬安陵

景祖完颜乌古乃，葬定陵

世祖完颜劾里钵，葬永陵

肃宗完颜颇剌淑，葬泰陵

穆宗完颜乌鲁完，葬献陵

康宗完颜乌雅束，葬乔陵

开国后各帝之陵都有皇后"祔葬"。

睿陵祔葬太祖钦宪皇后纥石烈氏，天会十三年（1135）逝。
恭陵祔葬太宗钦仁皇后唐括氏，皇统三年（1143）逝。

思陵祔葬熙宗悼平皇后裴满氏，其被熙宗杀。

兴陵祔葬世宗昭德皇后乌林答氏，其在海陵王在位时被迫自杀。

裕陵祔葬显宗孝懿皇后徒单氏，明昌二年（1191）逝。

道陵祔葬章宗钦怀皇后蒲察氏，其在章宗未即位时已逝。

景陵祔葬睿宗钦慈皇后蒲察氏，即世宗之母，大定二年（1162）逝。

德宗（辽王）宗幹之妻大氏（海陵王生母），贞元三年（1155）十一月，与德宗宗幹合葬于大房山顺陵。宗幹追削帝号后，降为辽王妃。宗幹迁出顺陵后，应随宗幹迁往鹿门谷。

另外，金熙宗被杀后未入陵区，大定二十八年（1188）以帝礼改葬于峨眉谷，应属于诸王兆域区域内。

金世宗继位，追封自己的父亲完颜宗辅为"睿宗"，陪葬太祖陵，其陵曰景陵。金世宗完颜雍逝后，葬太祖陵侧，其陵曰兴陵。完颜允恭本是金世宗的太子，先其父而逝，完颜允恭的儿子完颜璟当上皇帝，是为金章宗。金章宗追封自己的父亲为显宗，其陵曰裕陵。金章宗逝后下葬，其陵曰道陵。金章宗末年，金陵的地上建筑和地下陵寝均已建成，有名号的帝陵共有17个。虽然海陵王主持大房山金陵的修建工程，但他本人远没有那么好运。海陵王自从弑君篡位之后，不仅滥杀无辜，而且伺机大举南侵，发无名之师；他非但不听劝阻，还弑杀母后，并耗尽了民力财力，人民不胜其苦。正隆六年（1161）十月，海陵王率师在扬州瓜洲渡口准备渡江时，被浙西兵马都统完颜元宣等反军杀死，终年40岁。都督府把他的灵柩放在南京（今河南省开封市）班荆馆。金世宗登基，于大定二年（1162）将完颜亮降为海陵郡王，谥号为炀。二月，世宗使小底娄室与南京官员迁其灵柩于宁德宫。四月，葬于中都大房山鹿门谷诸王兆域。金大定二十年（1180）有司奏曰："炀王之罪未正。准晋赵王伦废惠帝自立，惠帝反正，诛伦，废为庶人。炀帝罪恶过于伦，不当有王封，亦不当在诸王茔域。"乃诏降为海陵庶人，改葬于山陵西南四十里。①基本上已经远离了自己苦心经营的富丽堂皇的皇家陵寝。

金朝九帝，除宣宗葬汴京（今河南省开封市），哀宗葬蔡州（今河南省汝南县），太祖至卫绍王七位帝王均葬于大房山麓，太祖葬睿陵、太宗葬恭陵、熙宗葬思陵、世宗葬兴陵、显宗葬裕陵、章宗葬道陵；海陵王、卫绍王两位皇帝死后被削去帝号，故无陵号。

金朝追封四帝，有三位迁葬到大房山皇陵：海陵父德宗葬顺陵；世宗父睿宗葬景陵；章宗父显宗葬裕陵。熙宗父徽宗葬上京会宁府，没有迁葬大房山皇陵的记载。据此可知在帝陵区葬有始祖以下十帝及金朝七帝，以及追封的三帝，共计20位皇帝。

此外，可以确定的葬在大房山皇陵的后妃有23位：始祖明

---

①《金史》卷五《海陵王本纪》，第117页。

懿皇后，德帝思皇后，安帝节皇后，献祖恭靖皇后，昭祖威顺皇后徒单氏，景祖昭肃皇后唐括氏，世祖翼简皇后拿懒氏，肃宗靖宣皇后蒲察氏，穆宗贞惠皇后乌古论氏，康宗敬僖皇后唐括氏，太祖钦宪皇后纥石烈氏，太宗钦仁皇后唐括氏，熙宗悼平皇后裴满氏，世宗昭德皇后乌林答氏、元妃张氏、元妃李氏、贤妃石抹氏、德妃徒单氏、柔妃大氏，章宗钦怀皇后蒲察氏，睿宗钦慈皇后蒲察氏，德宗慈宪皇后大氏，显宗孝懿皇后徒单氏。

坤厚陵是大房山皇陵中唯一的后妃陵，乃世宗为昭德皇后乌林答氏而建。《金史·后妃传》记载："世宗元妃李氏……大定二十一年（1181）薨……二十八年九月，与贤妃石抹氏、德妃徒单氏、柔妃大氏俱陪葬于坤厚陵。"

世宗即位后，其后乌林答氏在他在位时，也葬于坤厚陵，在他死后才祔葬兴陵。大定十二年（1172）五月，车驾幸土鲁原致祭（乌林答氏自杀之后，先葬于土鲁原）。十九年（1179）改卜于大房山，十一月甲寅，皇后梓宫至近郊，百官奉迎。乙卯，车驾如杨村致祭。丙辰，上登车送，哭之恸。戊午，奉安于磐宁宫。庚申，葬于坤厚陵，诸妃祔焉。二十九年（1189）祔葬兴陵。

中都陵域内设诸王兆域，是皇室诸王死后埋葬的特定的地方。海陵王完颜亮被杀并被废为海陵郡王后，"葬于大房山鹿门谷诸王兆域"，后又被废为庶人，乃从诸王兆域迁往"山陵西南四十里"。金熙宗被杀后，先葬于上京的皇后裴满氏墓中。

在向中都迁灵时，由于他已被削去帝号，降为"东昏王"，以"王"的资格葬于大房山蓼香甸，直到世宗时才被改葬峨眉谷思陵。故此，诸王兆域位于大房山的"峨眉谷""鹿门谷""蓼香甸"一带。其他葬于诸王兆域者，据文献可考的有三位。完颜亮之子矧思阿补夭折后，亦葬大房山；完颜光英在汴梁被杀后，也"与海陵俱葬于大房山诸王墓次"。这两个人葬地亦当为鹿门谷或蓼香甸处。此外，荣王完颜爽，本名阿邻，太祖孙。"（大定）二十三年（1183），爽疾久不愈……既薨，上悼痛，辍朝，遣官至祭……陪葬山陵，亲王，百官送葬。"[1]可见，完颜爽逝世后，也应该葬在诸王兆域。

中都金陵的营建，改变着房山这一地区的行政建制。初，金陵所在地隶属良乡县与范阳县。贞元元年（1153），海陵王迁都，燕京为中都，置永安府，良乡为属县。贞元二年（1154），改大兴府，良乡便隶属大兴府。为了保护陵园，章宗于大定二十九年（1189）在大房山陵园不远处"设万宁县，以奉山陵"。万宁县的作用只是管理山陵，此名只用了两年多，于章宗明昌二年（1191）改万宁县为奉先县，属中都路涿州。直至元至元二十七年（1290），改名为房山县。元代建国后，元人以金为同宗同源，因此金陵得以保全。

---

① 《金史》卷六十九《太祖诸子列传》，第1606页。

第四节　金陵三劫

金陵作为中国金代女真族营建的帝王陵寝，比明代十三陵早260年，是北京第一个皇陵群。但是，金陵在历史上曾经遭到三次大的劫难。

元灭金后，位于大房山的金陵并未受到破坏。有元一代及至明代前期，金陵规模都曾扩展延续，终年享有祭祀。明朝末年，金代后裔满族兴起，努尔哈赤兴起于白山黑水之间，并建立了后金国。明王朝与其作战，其屡次打败明朝军队，特别是萨尔浒之战和松锦之战，明军大败。因明朝帝王惑于形家之风水说，认为后金之所以这样兴盛，就是因为满人的祖陵埋在大房山的风水宝地，王气太盛，必须毁陵断龙脉才能打败他们。于是明王朝便开始掘毁金陵。据清代于敏中等《日下旧闻考》，清康熙二年（1663）圣祖仁皇帝御制碑记载："惟金朝之陵在房山者，前我师克取辽阳，故明惑形家之说，谓我朝发祥渤海，气脉相关。天启元年，罢金陵祭祀，二年，拆毁山陵，劚断地脉。三年，又建关庙于其地，为厌胜之术。从来国运之兴衰，关乎主德之善否。上天降鉴，惟德是与。有德者昌，无德者亡，与山陵风水原无关涉。有明末造，政乱国危，天命已去。其时之君臣，昏庸迷谬，罔知改图，不思修德勤民，挽回天意，乃轻信虚诞之言，移咎于异代陵寝，肆行摧毁。迨其后，流寇猖獗，人心离叛，国祚以倾。既与风水无关，而前此厌胜之摧毁，又何求于乱亡乎。古之圣王掩骼埋胔，泽及枯骨。而有明君臣乃毁及前代帝王之陵，其桀谬实足贻讥千古矣。"明人吴宽（1435—1504）曾途经金陵，写下《大房金源诸陵》，诗中提到，"奉先西行下乱山侵，涧道回旋入莫林。翁仲半存行殿迹，莓苔尽蚀古碑阴"。可见在吴宽生活的年代，金陵还存有金代所立的石翁仲和石碑。然而，在明天启元年（1621）罢金陵祭祀，天启二年和三年更是遭到了毁灭性破坏，明政府派出大批官兵，捣毁了陵区内的所有建筑，就连大房山顶的崇圣宫、白云亭均被夷为平地。凡是有龙的石构件，均把龙头砍掉，就连金太祖阿骨打的地宫也没有放过。他们将太祖阿骨打的龙椁砸成碎块，尸骨无存，然后放火焚烧。他们只针对阿骨打的龙椁，其皇后纥石烈氏的凤椁，仅距龙椁50厘米却完好保留。明政府军还派人捣毁山体，以图破坏山陵风水。明天启三年（1623），十分崇拜武圣关公的明王朝，在阿骨打陵前建一座武圣公关帝庙，对"王气"予以压制。

2002年，考古工作者在金太祖睿陵地宫正中南50米处，发现明代修建的武圣公关帝庙遗址，与史书记载吻合。明人还将太祖睿陵所依的九龙山主脉"龙头"部位摧毁，又在"咽喉"部位深凿直径10余平方米的洞穴，然后在洞穴内填满鹅卵石，即所谓"劚龙脉、刺咽喉"，至今仍留有明代人捣毁山体的痕迹，想以此压住女真人的"王气"。

第二次劫难，努尔哈赤建金，都赫图阿拉，史称"后金"。

入关后，又一次定鼎于燕，不久，便开始修复被明朝毁坏的金陵。清顺治三年（1646），清世祖派礼部尚书视察金太祖睿陵、世宗兴陵，首先拆毁金太祖陵前厌胜的关帝庙，"修其颓毁，俾规制如初"，这是清政府第一次修复金太祖、世宗二陵。并且清政府还设50户守陵者，除拨置香火外，每户各给赡养地，责令他们春秋两季前往九龙山祭祀太祖、世宗陵。清世祖帝特御制《金太祖世宗陵碑》记其事。①

据清康熙帝御制《金太祖世宗陵碑》记载："后金天聪三年（1629），清太宗皇太极率清兵攻入关内，曾派遣王贝勒大臣到大房山的金太祖睿陵和世宗兴陵致祭。"康熙皇帝御制《金太祖世宗陵碑》立于九龙山金太祖睿宗陵前。

清乾隆十六年至十七年（1751—1752），第二次重修金太祖、世宗陵寝，这次修缮规模比较大。首先修葺金太祖、世宗二陵的享殿及围墙。第二年二月，又命令直隶总督方观承修金太祖、世宗陵。金太祖陵前地基稍宽，即增修享殿一所，建围墙，立正门；原有的祭台、甬路、阶砌等项，均加以维修。金世宗陵前地隘，亦增修享殿一所，并维修祭台、围墙、甬路等项，因陵前地方狭窄不能立正门，就在碑亭连接栅栏处立两个角门，并将自房山城北门至金陵的二十里山路一并修治。②乾

---

①（清）于敏中：《日下旧闻考》卷一三二《清圣祖仁皇帝·金太祖世宗陵碑》，第2118页。

②（清）周家楣、缪荃孙：《光绪顺天府志》第二十六卷《地理志·冢墓》，北京古籍出版社1987年版，第837页。

隆十八年（1753），乾隆皇帝亲至金太祖睿陵拜谒，并命金裔完颜氏子孙陪祀。

另据《鸿雪因缘图记》记载，清道光二十五年（1845）八月，完颜勉斋的曾孙完颜麟庆到大房山九龙山下拜谒金陵，并绘《房山拜陵》图，描绘当年拜陵的情景，展现了清代修复后的太祖陵、世宗陵的原貌。画面中的陵寝北依九龙山，东、西、南三面是高大的围墙，墙内有享殿、碑亭，陵寝最上端是高大的石砌祭台，祭台两侧有汉白玉栏杆，中央有石阶向下，直通陵寝神道，陵区内林木茂盛，二水合流非常壮观。

完颜麟庆《房山拜陵》图

金陵虽然经过清顺治、康熙年间重修，但是，他们似乎不太确定金代数个帝陵的具体位置，所以就在金太祖睿陵附近建了一个大宝顶，在金世宗兴陵附近建了一个小宝顶，两座宝顶前均配有享殿，享殿前又建有碑亭，并立有御制碑。从日本古建筑学家关野贞拍摄的照片和考古发掘资料看，两座碑亭并不处于同一水平线上，金太祖的碑亭在世宗碑亭的东南方。这样一来，使得金陵现存的地面建筑，大都带有清朝重建的痕迹。从保护金陵遗址的角度说："重建也是对原遗址的破坏。"（徐苹芳先生语）

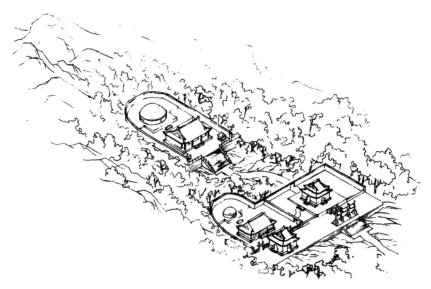

清代金陵环境复原示意图

清末民初，金陵屡遭劫难，已破烂不堪。民国时期军阀混战，盗墓成风，匪盗猖獗，金陵再惨遭劫难。有外号叫"小老虎"的军阀刘镇山试图盗窃金陵，以充军饷，但"小老虎"最终没有得逞，还是得益于清政府对金陵的修建。"小老虎"盗墓误把清顺治年间修建的"大宝顶"当成金太祖陵挖下去了，当然什么也没挖到扫兴而归。不过，龙门口村民刘守山却说，清人知道金太祖陵和世宗陵的具体位置，他们在帝陵附近修建大、小宝顶就是想迷惑盗墓贼。此说，只代表守陵人的心愿。

新中国成立后，金陵成了被人遗忘的角落。到了"文革"时期，金陵这片废墟更是在劫难逃，地面建筑遭到空前的破坏。推土机、拖拉机全开上来，平整土地，修建梯田，把清代修建的碑亭、享殿全部摧毁，夷为平地。关野贞民国时期曾到过金陵，所拍摄的照片尚能看到小宝顶的碑亭遗址及清代修葺的大宝顶。

关野贞民国时期拍摄的照片
（上：九龙山，中：清代小宝顶碑亭，
下：清代大宝顶）

据村民刘守山回忆："东边碑亭中的石碑是康熙皇帝御笔，用汉字书写；西边的碑亭是满汉两种文字，这两个碑亭于1975年平整土地时被拆毁，石碑用炸药崩了，碎石块用推土机推走填了沟壑，拆下来的砖均让村民们搬走垒砌自家的房子了。至此，金陵的地面建筑已经荡然无存了。"

刘守山还曾讲过："金陵遗址西南侧皋儿沟里的皋塔，指的是牛皋，传说'气死金兀术，笑死牛皋'……皋塔下面压着金兀术的墓。这个塔原来是六角形，二层高，四面攒尖坡顶，青砖垒砌；在南侧二层正中刻有'征阳门'三字匾额。1974年村里为了盖小学校，'就地取材'把皋塔拆了。塔前不远处还曾有一块石碑，底部的龟趺早已不见，位置也移动过。它原来就靠在皋塔前的一棵枣树上……碑首雕龙纹，碑文所刻文字和评书《说岳全传》内容一样……可惜这个石碑被文物贩子盗走了。"

2001年，考古工作者曾对皋塔周边进行过钻探和清理，"在主陵区西陵墙外，西南侧皋塔下，钻探长30米、宽20米，为纯净的黄土夯层"①。清理皋塔残留的塔基部分时发现，塔基是用清代的长44厘米、宽23.5厘米、厚10厘米的长方砖垒砌，所以皋塔应该是清代建筑，在其周围进行了洛阳铲钻探，有明显纯净的黄土夯层，而不是墓葬填的五花土，疑似建筑基

---

① 北京市文物研究所：《北京金代皇陵》，文物出版社2006年版，第38页。

址，至于下面有没有金兀术墓，则待以后考古发掘证实。

"气死金兀术，笑死牛皋"，这是清初康熙年间钱彩著的长篇历史小说《说岳全传》中的杜撰而已，并非历史真相。小说《说岳全传》中描述"完颜宗弼为赤须龙转世，头戴一顶金镶象鼻盔，金光闪烁；旁插两根雉鸡尾，左右飘分。身穿大红织锦绣花袍，外罩黄金嵌就龙麟甲；坐一匹四蹄点雪火龙驹，手拿螭尾凤头金雀斧。好像开山力士，浑如混世魔王。有千斤之力，曾力举铁龙，多次引兵攻宋"。特别在"第七十九回：施岑收服乌灵圣母，牛皋气死完颜兀术"中表述：牛皋策马追杀兀术，两人厮杀之时跌下马，牛皋正好跌在兀术身上，"跌了个头搭尾"。兀术回头看到牛皋，怒吼一声"气死我也"，口吐鲜血而亡。牛皋大笑不止，一口气没接上，竟笑死于兀术身上。这便是"虎骑龙背，气死兀术，笑杀牛皋"的故事。[①]

历史上，牛皋和兀术皆可谓战场上的猛将。牛皋精练武功，于南宋绍兴三年（1133）加入岳家军，深得岳飞器重，在对金作战中屡立战功，被誉为抗金名将。而金兀术即金太祖完颜阿骨打的四太子完颜宗弼，善骑射，胆略过人，是宋金对峙时期杰出的军事家、政治家。

牛皋在岳飞麾下，骁勇善战，所向披靡。南宋绍兴十年

---

① 李漓：《历史不忍细看·金兀术不是被牛皋气死的》，中国华侨出版社2015年版，第263页。

（1140），兀术率兵南侵，《宋史·牛皋传》记载："金人渝盟，飞命皋出师战汴、许间，以功最，除捧日天武四厢都指挥使、成德军承宣使，枢密行府以皋兼提举一行事务。"①然而牛皋是否直接迎战兀术甚至短兵相接，史书未见记载。而《金史·宗弼传》中亦未提及。

当年战场上的情形已无从得知，而牛皋与兀术的离世却在史书上有明确的记载。根据《宋史·牛皋传》记载："绍兴十七年（1147）上巳日，都统制田师中大会诸将，皋遇毒，亟归，语所亲曰：'皋年六十一，官至侍从，幸不啻足。所恨南北通和，不以马革裹尸，顾死牖下耳。'明日卒。"②而《金史·宗弼传》中记载兀术："皇统八年（1148），薨。"③二人离世相差一年，由此证明，"气死金兀术，笑死牛皋"是民间杜撰的小说中的故事。

《说岳全传》，简称《说岳》。小说作者钱彩，字绵文，浙江仁和（今浙江省杭州市）人，清代小说家，生卒年月不详，大约在清康熙二十三年（1684）前后在世。按村民刘守山回忆所说，皋塔前的方碑靠在一棵枣树上，碑文所刻文字，与《说岳》相当吻合。如此，推断皋塔始建年代，应该在康熙晚期，也就是说在《说岳全传》小说刻版刊印之后建的皋塔，而不会早于清早期。皋塔下也不会压着金兀术墓。完颜宗弼葬于何处待考。

---

①②《宋史》卷三六八《牛皋传》，第11465页。

③《金史》卷七十七《宗弼传》，第1751页。

第五节　金中都皇陵陵域范围

从海陵王开始，经过世宗、章宗、卫绍王、宣宗共五世60多年的营建，金陵逐渐成为一处规模宏大的皇家陵寝。其陵域大定年间（1161—1189）周长156里，大安年间（1209—1211）周长为128里，面积为60平方公里。

海陵王初建陵时，并无陵界，其后陆续增建各陵，需要有一个陵区范围界线，建立围墙，划出禁区。但完颜亮在修完第一批陵墓后，忙于准备发动南侵宋朝的战争和对付人民起义，从正史记述中看，他无暇顾及此事。直到完颜亮在南方兵败被杀，世宗即位后，才注意到划定陵域范围和修筑围墙等。陵域划定后即为禁区，"其封域之内，禁无得采樵弋猎"①，即不许百姓在陵界之内从事砍柴、打猎等一切活动。大定初年划定的陵界为"周围计地一百五十六里"，至卫绍王大安年间又予以调整，紧缩为"周围计地一百二十八里"。②

金陵围墙称"封堠"。"封"之意为"封闭""界域""疆界"；"堠"之意，一为计里数的土堆，一为瞭望敌情的土堡。

---

① 《金史》卷三十五《礼志八》，第820页。
② 《大金集礼》卷十七，转引自于杰、于光度《金中都》，北京出版社1989年版，第119页。

故金陵"封堠"是建在陵域周围的围墙上，每隔一定的距离立有一土堡，作为守卫及计里数之用。

金陵四周的确切方位现已不易考察，仅在《大金集礼》中有不完整的记述。

大定二年正月初七日，省官刑部主事薛万亨并提点山陵涿州刺史完颜璋，同衔申取责到司天台张庆渊、魏器博、卢世明等三人状称：合自坟山西北，系奉先县所管神宁乡上冶村龙泉河为西界，为头排立封堠，沿龙泉河南至羌弧岭，其龙泉河水流正西南去，离坟山八十余里，止合于羌弧岭东南下坟。按坟山旧南界封堠，是周围四至，别无窒碍，呈省。一起自万安寺西小岭为头，打量至西面尽北南郊涧口旧封堠，计地六十二里零一百四十四步，自南郊涧口旧封堠以西上冶村，按连排立，沿龙泉河南至羌弧岭，密排讫，封堠一百一十六个，接连至赤石峪旧封堠，计地五十八里零二百二十八步。自赤石峪口旧封堠至万安寺西岭，计地三十五里零三百步，周围计地一百五十六里零三百一十二步。①

以上是大定初年勘察的结果，同书还载有大安年间的勘察结果。

①《大金集礼》卷十七至二十，转引自于杰、于光度《金中都》，第119页。

大安元年十一月三十日，承省札奏帖：近奏差秘书监丞温迪罕胡土、三司知事边源，检勘坟山以西银洞事云云。今据所差官胡土等检勘得止合以龙泉河为禁限西界。□□商量，若准所申，是为相应云云。为此于十一月二十九日闻奏过。奉圣旨：封堠立得分朗者，余并准奏行。

坟山禁界封堠四至周围地里，东至万安寺西小岭一十八里，南至黄土峪水心二十六里，西至辘轳岭二十三里，周围计地一百二十八里。

坟山以西，过辘轳岭，有南郊涧道，隔断山势。以西过木浮岭，下至龙泉河，又隔木浮岭。其龙泉河身阔处约五十步，窄处十余步，水深三四尺。自陵寝红排沙至此三十二里，以西又过烟薰岭松片山数重，才是接连银山。其坟山与银山不是一带山势。

银山在坟山西北，其山东西形势，岭南属奉先县，有银洞五十四处，山岭北属宛平县，有银洞六十二处。两县银洞止是一山。自陵寝红排沙以西，最近银洞四十二里，最远银洞四十八里。

取责到将去司天台阴阳人张庆渊等三人状称：相视得自陵寝红排沙以西过涧、辘轳岭，已有南郊涧道隔断山势。以西又过木浮岭，下有龙泉河，河身深阔。隔绝地脉，按《地理新书·五音地脉篇》：凡隔坑潭江河，地势已绝，不相连接，兼山陵至此三十二里，若将龙泉河便为禁限西界，委是别无窒碍。其东南北三面禁界，止合以原定界堠为限。①

金陵至今已有800余年历史，地面遗迹均已毁损，但陵区方位大致可以确定。根据文献记载及地图等资料，加以排比，弄清楚了金陵陵域最后的界线。

金陵陵域北界为东起南郊涧道南岸，向西至神宁乡上冶村处之龙泉河东岸。

涧口为两山之间涧道之端处，在金陵的东北方，"南郊涧口"为金时之地名，此名已佚，但"涧"之处应为河流，今陵北有横贯东西之龙泉河（今称"大石河"），河之两岸有宽阔地带，南北河岸之后均有山，此河在两山之间，因此，金代的"南郊涧道"，当为龙泉河一带，而它的"涧口"应为山的东端尽头处。按地形，似在今黄土坡村一带。

龙泉河沿岸一带适合居住，当有些村落。今其南岸仍有河南村、辛庄、陈家台、二道沟、长操村等居民聚居之村落，而上冶村亦当为龙泉河南岸之一村落。又因龙泉河转西向南以东为陵域西界，故当时的上冶村应位于龙泉河北流东拐之处稍东之南岸，恰为今之长操村一带。故陵域北界之西端应该在长操村附近，此处似即金代的神宁乡上冶村。

金陵西界，陵园之西界北端，为上冶村附近之龙泉河，即

---

① 《大金集礼》卷十七至二十，转引自北京市文物研究所编《北京金代皇陵》，文物出版社2006年版，第175页。

"自坟山西北系奉先县所管辖的神宁乡上冶村龙泉河为西界"。但西界向南延伸，却不是沿着龙泉河向南行进的，因为"自陵寝红排沙以西过涧、辘轳岭，已有南郊涧道隔断山势。以西又过木浮岭，下有龙泉河"。因此，至辘轳岭处向西，又有一涧道，再过木浮岭，才是龙泉河，此为金陵西界。

金陵南界，从辘轳岭南麓东行（从今之水泉背南麓东行），经过黄山峪（当今之黄山店处偏北、黄岩寺以南。黄山店之名似沿袭当时之黄山峪）东至万安寺岭。所说的"万安寺岭"，是指建有万安寺的小山岭，此处当在今周口店以北、山口以南之水岩寺小山岭，封堠经过其东麓北转，形成金陵之东界。此处正北直对着北界东端的三府村西一带。

金陵陵域东界即从今周口店西水岩寺以东向北至三府村以西一线，此线南、北两端为山麓，中间为平原，陵域之东门似在这里。东界之中部无山岭，适为敞口，合于金代东向拜日之俗。

金陵建于云峰山（金以后称"三峰山"）之阳，即山之南麓。《金史》及《大金集礼》所记之"坟山"，为山下之一村庄，是为供应陵寝及祭陵所设，今称"坟山"，或称"坟上村"，在房山区之西北方5~6公里。坟山之西北约3里处有"龙门口"，地当在两个小山谷之间，是金陵通往坟上村的通道，当系谒陵必经之地，而"龙门口"之称亦似为当时沿袭下来的。过龙门口向西北行约2里，即为金陵所在地。

金陵所倚之山，最高峰海拔1307米，这个峰在连山顶之北，当为云峰山之峰，后称"三峰山"，是将它与其他两峰视为一体的名称。金陵位于峰之南侧海拔约500米处，向东俯视龙门口两旁之谷（均在300~400米），势甚雄伟，而龙门口在陵西南且东向，当是有意的选择。

陵域内主要有三个山峰，位于东北方的是云峰山（三峰山），此山之东南方有一比此山略高之山，今名为"猫耳山"。此山向南之一小支脉上有金章宗所建"茶楼顶"，作为章宗游玩休息之处，到清初尚存有四石柱。

今之猫耳山正位于云峰山金陵之稍南偏西，为其右前方突立之大山。这种形势如按汉族传统建陵要求，应是禁忌的，但金统治者选择在此建陵，显然未考虑到汉族传统的习俗。再西南的一山当为羌弧岭，其南（陵域外）即摘星山。

陵域内的"诸王兆域"，即埋葬诸王的地方，在"山阴"，即在云峰山之北，其与皇陵区域相隔为山峰，像是在峰北的黑龙沟、上下英水一带。这一带似为史书所记之"蓼香甸""鹿门谷"等地方。

金陵域内嫔妃葬地之"坤厚陵"究在何处，无从查考，据推测似为一陵园，园内葬诸妃，各妃之墓没有单独名称，其位置也多半在山阳，但与帝陵有一定的距离。[1]

元世祖忽必烈十分推崇金世宗，因此，金陵在元代得到了很好的保护。陵区成为燕南一大景观，"道陵苍茫"与"卢沟

---

[1] 转引自于杰、于光度《金中都》，本文略作修订。

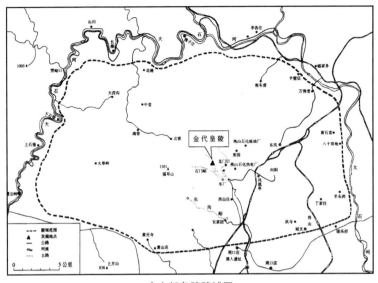

金中都皇陵陵域图

晓月""金台夕照"等同为"燕京八景"。但是，陵区尚未发现元代致祭的遗迹。明代中叶以前，金陵依然受到保护并定期祭祀。明嘉靖年间，道陵仍是大房山的一处著名的景点。

清朝建立后，虽经顺治、康熙、雍正、乾隆诸朝重新维修金陵，设守陵者50户，每年春秋两季致祭享，并儿度对大房山金陵部分进行修葺，立顺治、康熙御制碑，但是清代的修复远未恢复原貌。此后经历了200多年的变迁，金陵又遭兵劫、匪祸并被多次盗掘和破坏。直到20世纪70年代，"农业学大寨"期间，为修"大寨田"，陵区受到灾难性的损坏，地面建筑以及围墙、封土均被夷为平地，将陵区平整为四层台地。①

① 秦大树：《宋元明考古》，文物出版社2005年版，第202页。

第三章　金中都皇陵

第四章
金陵考古调查

第一节　金陵调查始末

关于金陵考古调查，可追溯到 20 世纪 50 年代中期，原河北省文物工作队郑绍宗先生，曾带队到金陵主陵区坟山进行考古调查。笔者曾走访郑绍宗先生，据郑先生口述："大约在1957 年，调查金陵时，曾在陵区范围内的坟山村进行发掘，发现了一座穹隆顶砖室墓，经过发掘，内有壁画，保存相当精美，因为是冬季，怕把壁画毁了，我们拉了四卡车的沙土把它回填加以保护，准备来年春天再来发掘，谁知道转过年（1958）房山县划归北京市管辖，此项工作亦因此而中断……"陵区内曾出土残祝版哀册。

1968 年，"文革"期间，此处因埋设石油管道等基建工程，坟山被夷为平地，其墓主人是谁，亦不得而知。采访当地施工人员得知，由凤凰亭到胜利桥的山路两旁，原来立有高大的石翁仲、石马、石羊、石象、石虎等石像生及石牌坊。这些遗物应该是金陵主神道上的石马、石羊、石虎等石像生，石牌坊是金陵主神道的标志。因开山辟路，未报经任何部门批准，就将这些珍贵的历史文物推倒砸毁，如今我们只能推测这里原来是金陵区域内的主神道。

1971年初，周口店镇坟山村，现为燕山石化总公司地界，北京胜利化工厂变电站工地，在施工中曾发现6具石椁墓，当时考古队派于杰和我前去清理。由于胜利化工厂属于战备工程，正在施工中，为了安全，外人不许进厂区。我们只能在厂保卫处等着移交出土文物。在6具石椁墓中，随葬品仅有1件银鎏金面具，即银胎鎏金。据工人口述，这是在石棺中发现的，现场已经没有了。另据北京市文物古建工程公司总经理李彦成回忆："胜利化工厂在胜利桥东，坟山村地界。当年只是听说挖着宝贝了，出土有一个金面具，我当时正在胜利化工厂变电站工地，看见吊车正在吊起巨大规整的青石椁板……那年我16岁，已经工作了，但是，什么都不懂，只是看热闹去了。"

此银鎏金面具应是契丹贵族独特丧葬习俗之一的覆面。女真人早期被契丹人统领，所以女真人沿袭使用契丹人的丧葬习俗不足为奇。由此判断这是一处女真人的贵族墓地，而且在金代皇陵主陵区范围内。

该面具通长31厘米（面部长25厘米，颈长6厘米），厚1.5毫米，最宽处22.2厘米。由银片锤錾而成，再施以鎏金，制作精良逼真。面部轮廓清晰，发髻后梳，眉骨突出，双目闭合，双唇紧闭，神态安详，耳部上边和耳垂各有一个小圆孔，应是系带所用。

银鎏金面具

这件鎏金银面具形象健壮，具有我国古代北方少数民族的特征，且保存完整。据《虏廷事实》对辽代葬俗的记载，契丹贵族有"用金银做面具，铜丝络其手足"的葬俗，即契丹贵族入殓时往往会在脸上覆罩一件面具样的金属片，躯体则用锦彩络缠或用银铜丝网络住，以为饰终之仪。

覆盖面具是辽代契丹族皇室和贵族特有的一种丧葬习俗。覆面有金、银之分，用以区分死者的身份、年龄和性别。与此相类似的覆面在内蒙古赤峰、辽宁等地辽代贵族墓葬中时有发现。但此面具出土于金中都皇陵区域内，不排除女真族早期受契丹贵族丧葬习俗影响，同时出土的石棺椁是金代墓葬所独有的，所以这是一处女真贵族墓葬。有一点可以肯定的是，出土鎏金银面具的这座墓葬绝对不是金太宗吴乞买的恭陵。[1]

1972年12月，长沟峪煤矿在猫耳山断头峪基建施工中发现一组石椁墓。该墓由五具石椁组成"十"字形，主墓正中石

---

[1] 杨亦武：《房山历史文物研究·大房山金陵考》，第109页。

椁东西向，椁内有一具髹红漆柏木棺，外壁用银钉嵌錾精美华丽的火焰云龙纹。棺内瘗葬11件精致的雕花玉佩、花鸟饰件。其埋葬地点亦属金陵兆域内。[①]

1978年冬，龙门口村"农业学大寨"修梯田，平整土地时在金世宗陵前陪墓中发现一件宋代"萧何月下追韩信"纹饰三彩琉璃釉枕。前低后高呈斜坡面，中间略下凹。枕面主题纹饰为西汉萧何追韩信的人物故事，以山石、垂柳、

三彩瓷枕"萧何月下追韩信"

云朵、牡丹做陪衬。四壁上部饰以叶形花纹。装饰题材新颖，施以黄、绿、白三色釉，色调鲜艳美观。胎色灰白细腻，制作工艺精细。[②]

2001年6月发掘时，在主陵区神道西侧、太祖陵西南第四台地上，发现五座陪葬墓，其中M1—M3已遭破坏，墓室已空，当地百姓用它做了白菜窖，三彩琉璃釉枕就是其中被破坏

① 张先得、黄秀纯：《北京房山县发现石椁墓》，《文物》1977年第6期。

② 齐心：《图说北京史》上册《北半部中国的政治中心——金中都》，北京燕山出版社1999年版，第182页。

的墓中出土的。

都城与陵寝是城市发展史的重要组成部分，真正大规模系统地调查金陵遗址，是从20世纪80年代中期开始的。1985年6月，北京市文物研究所成立，于杰先生任所长，金陵考古调查提到日程上。是时，由齐心、鲁琪、喻震与房山区文物管理所合作，第一次正式对金陵遗址进行考古调查，历时三年。

1986年以来，为了搞清金陵的范围、布局，进一步保护这一处古迹，市、区文物部门拟定了"金陵调查"课题，得到了国家文物局批准，开展了金陵勘察工作。采用物探方法，结合考古田野踏查，经过市、区考古工作者共同努力，对金陵的勘察工作初步取得了可喜的收获。《金虏图经》《大金国志》均记载，太祖、世宗葬在大洪谷，此处并有"瑞云宫"。田野考古调查时，在当地人称"兀术坟"附近，最上层梯田北界边缘上，有一处外皮基础部分为三合土夯筑，内部空虚，直径约4米，传为"兀术坟"。在附近发现已被砸碎的残石碑，刻有"辽之水""明年诸路"等字迹。这些文字可能是记述金朝开国事迹的。另外在太祖陵西侧约300米处，另一山坳梯田上，遗有一方形建筑物基础，当地居民传说是"牛皋坟"（实际是"皋塔"），在此处发现一方大青石碑，碑文已遭侵蚀剥落，有些字迹模糊难辨，其碑残文曰："钦□……瑞云宫……祖师□□正阳真人门下提点受□祖□□大师王道通仙……"

据清代于敏中《日下旧闻考》卷一三二载："瑞云宫在金太祖陵侧，遗址仅存。"此碑证明了瑞云宫的位置，应在太祖陵西侧约300米处。[①]

此次调查最重要的发现，是金世宗之父睿宗谥号石碑一通。碑额盘龙螭首，四龙吐须，尾托火焰宝珠，龙形独特，通高2.1米、宽0.86米、厚0.25米，正面分两行双勾阴刻"睿宗文武简肃皇帝之陵"朱地金书十个大字，碑阴无字。是时，金陵调查考古队鲁琪住在龙门口村，村民刘江山等人在山上绿化植树，在刨树坑的过程中，发现一块石碑，埋于地下，因体积过大，有农民建议"用炸药崩碎了，再清理树坑"。在场的

"睿宗文武简肃皇帝之陵"石碑

刘江山立即报告给当时驻扎在村里的考古队。队长鲁琪闻讯后，立即赶到现场，制止了这次毁碑行动，并将其完整地保护下来。

睿宗，讳宗尧，初讳宗辅，本讳讹里朵，大定年间上尊

　　① 北京市文物研究所：《北京考古四十年·金陵》，北京燕山出版社1990年版，第169页。付幸：《金陵散记》，见《北京文物与考古》第五辑，北京燕山出版社2002年版，第279页。

谥，追改宗尧。世宗即位，追上尊谥立德显仁启圣广运文武简肃皇帝，庙号睿宗。大定二年（1162），于上京奉迁睿宗梓宫于大房山。睿宗陵碑的发现，系首次在考古调查中发现金代皇陵的重要证据，为考古工作者确定金陵主陵区提供了可靠的实物资料。

"睿宗文武简肃皇帝之陵"石碑拓片

不久考古队长鲁琪请我和吴元真先生前往金陵捶拓此碑留作资料。这是笔者第一次去金陵，山路蜿蜒崎岖，清凉透澈的泉水汇成河，从村前流过，每天出村或者进村都要踮着脚踩着石头过河。这是我第一次对金陵的感性认识，是帮忙，也是游玩。没想到，此后我在这里有一段难忘的经历。

此外，考古工作者在主陵区神道南端，还发现一处御道石台阶，东西宽5.4米，南北残长3米。两侧在石质地袱上竖立4块两面雕刻牡丹、行龙纹的汉白玉栏板和望柱。栏板前立有两个蹲兽，两边栏板中间铺有雕刻卷草忍冬纹的八级石台阶，雕刻极其精美繁缛，彰显出皇家气派，形象地再现了当年拾级而上、直通主陵的一条神道。沿着残存的御道逐级前行，仍可发现许多残破零散在地面的石栏板、台阶。地面上、砖石垒砌的梯田堰上，残存有大量的汉白玉、青石，以及花岗岩等建筑构件，有浮雕人物、行龙、虎兽、牡丹、忍冬草、寿桃等纹饰的各种石刻，雕刻精美。还有龙头滴水、残石龟首以及刻有莲花、几何纹大、中、小各式汉白玉柱础，大量的龙纹、虎头纹等绿琉璃釉瓦当、滴水、兽头、妙音鸟，皆为世人鲜见。金代的砖瓦、清代修复的建筑构件，更是俯拾即是。

在主陵区缓坡台地北端，还发现一处人工开凿的石穴，东西长13米，南北宽9米，坑口东西两壁用加工好的青石垒砌，穴内以乱石填充。当时认为这是金太祖阿骨打陵前的祭祀坑。

太祖陵（M6）未清理的情况（祭祀坑，摄于1986年）

这一重大发现引起学术界极大重视，不少考古学界专家前来参观考察，如考古学界泰斗宿白先生、徐苹芳先生、黄景略先生等，古建筑专家罗哲文、杜仙洲、祁英涛，还有社会活动家郑孝燮先生等。专家们兴奋不已并留言赞美，如罗哲文先生题词"金陵胜迹，艺术精华，一九八九年十一月廿九日。参观房山金陵考古新发现留念，罗哲文"；杜仙洲先生题字"女真山陵、文物宝藏，己巳冬月，杜仙洲"。

罗哲文先生题字

杜仙洲先生题字

考古资料显示，金中都皇陵的主陵区具体位置应该在大房山龙门口村，为我们后来正式发掘提供了宝贵的资料。

第二节　再次开启金陵调查

2000年，北京市文物局再次决定进行金陵考古调查。新上任的所长宋大川找我谈话，准备由他负责成立金陵考古队，我任考古领队，主持发掘金陵遗址。金陵考古是个大课题，前辈考古工作者经过半个世纪的努力都没有搞清楚，我心里没底。另外，文研所当时课题组很多，如圆明园考古队、门头沟东胡林人考古队，还有配合长江葛洲坝工程考古队，各领队负责人都希望我去他们的考古队协助发掘。于是，我找中国考古学会理事长、中国社会科学院考古研究所所长徐苹芳先生商量。徐先生支持我去金陵考古队，并说："金陵是个新课题，以前虽然搞过调查，但是不彻底，没能解决问题。"徐先生又说："你要有思想准备，金陵地处深山老林之中，方圆60平方公里，山多路少，很困难，搞全了不容易，搞好了就是对今后研究金陵一大贡献。"宿白先生也鼓励我说："你去搞金陵……你把主陵区平面布局搞明白了，就是对金陵研究一大贡献。"有了先生的鼓励，我决定参加金陵考古队。

从2000年底，课题组开始做案头准备工作，收集资料、查阅文献。2001年初，金陵课题组再次与房山区文物管理所合作，正式开始对金陵进行全面考古调查。宋大川是总负责人，我为领队，夏连保负责搜集整理金代文献资料，房山区文物管理所陈亚洲任副队长，负责行政管理、对外联系。

3月20日，初春时节，乍暖还寒。我们进驻燕山石化区二果园。我们请陕西大地勘探研究所对大楼沟西段东风二果园林场普光寺栗树林一带进行勘探。该勘探研究所曾勘探过秦始皇陵和唐代长安城，具有较高的技术水平，经验丰富。这片栗树林占地约11000平方米，最老的栗子树据说是明永乐年间种的。其地有两处微微隆起如茔丘的小土包，20世纪80年代末，北京市文物研究所调查金陵时与北京市地矿局物探中心合作采用物探法，在此地探出有明显的"异常情况"，疑是显宗裕陵和章宗道陵的地宫。为了验证其"异常情况"，我们用洛阳铲先后钻探10天左右，结果发现7~8处砖窑遗址，其中三处保存形制较为完整，分别为长方形和马蹄形，长5~6米、宽2.5~3米。在其西北侧的几棵古老的栗子树下，也发现三座保存较好的砖窑，平面呈马蹄形，长5~6米，宽3米左右。根据地层和窑内出土的生坯沟纹砖判断，该处遗址应为金代砖窑，可能是一处提供营建金代陵寝用的官方烧砖的窑场。因此，这里不是显宗裕陵和章宗道陵所在的地方。

探工在栗园探出砖窑，用白灰画出砖窑形制

基于这种情况，宋大川所长来到工地，根据堪舆学理论观察山脉的走势，认为这里不是"龙脉"，必须转移"阵地"。陈亚洲也说："这儿不行，得去龙门口村，上次鲁琪他们没搞清楚，弄半截走了。"于是，4月初我们转移到龙门口村。

龙门口村位于九龙山西南二里许，这是一个很小的自然村，归车厂村委会管辖，村内共有村民29户，当地人称"守陵村"。村内妇孺皆知，远处的九龙山是皇陵尖。刘姓和冯姓是守陵者后人，世代祖居，以种地、养羊、采药为生。20世纪90年代，该地被列为贫困山区，北京市政府曾拨专款安置村民搬到山下居住。但因故土难离，有95%的村民不愿意搬到山下居住，仍固守皇陵。这里的青壮年大多外出打工，剩下的则是老人和孩子。他们的收入全靠山上自留地里种的苹果树、杏树、梨树、李子和桃树。这里的电视信号模糊，手机信号不通。山上连小卖部都没有，也没有自来水管道。村民吃的、用的水全靠山上千年不断流下来的泉水。村里老人讲，九龙山西侧的泉水有高低错落的三个脸盆大的池子，叫"三盆水"，九龙山俗称"三盆山"。大自然的恩赐，长年累月地流淌，取之不尽，用之不竭。千百年来这股泉水不论春、夏、秋、冬，长年不断，灌溉着山上百亩良田，哺育着山下的村民。有一年"三盆水"的池子里面草根、树叶太多了，淤泥堵住了泉眼，大队派人清理了一下，结果水断流了，池子也干了。过了好长时间，泉水才慢慢地流出来了。从此以后村民们再也不敢碰源泉池子里的"三盆水"了。

考古队驻进这个小山村，给这个村子带来不少生气。村里凡有劳动能力的大多参加了金陵考古队。他们统一穿上印有"考古发掘"字样的工作服，每天上下班在村里形成一道亮丽的风景线。开工不久，宋大川所长觉得我们租住的房子虽然是全村最好的独门独院的五间大瓦房，但和城里相比仍相去甚远，于是改善居住环境成为我们第一步工作。首先装修房屋，改善厕所，并在村西北废弃的水井上安装了水泵设备，把水抽入我们自己在屋顶上盖的"水塔"，这样我们就不用到500米以外的泉水池挑水了。其次添置家具，画图用的大画案，四个书柜，凡是需要的图书如"二十四史"及相关的文献书籍，配备齐全。再后来又添置了电视机、卫星电视接收器、电脑、录像机等，使在此工作的全体员工"安居乐业"。这一举措在考古队尚属首创，凡来参观的各地考古工作者，均赞叹我们这里是全国条件最好的野外考古工作站。

大房山确实是风水宝地。这里风景优美，春天漫山遍野的桃花、杏花、梨花，赶着趟儿开。夏季雨后，山顶常会出现一道五彩斑斓的彩虹；九龙山前草木葱郁，鲜花遍野，云蒸霞蔚，犹如仙境。冬天一场大雪，到处银装素裹，白雪皑皑，好一派北国风光。左侧青龙山由北向南蜿蜒曲折，直抵南端的石壁山。石壁山是龙门口村的一道屏障，是龙门，又像是九龙山的龙头伸向山泉瀑布中的水潭中饮水。当年古树参天，郁郁葱葱，粗大的松柏苍翠挺拔，几个人搂不过来。听村里老人回忆："解放初期砍伐古树，留下的树根像圆桌面一样大，六个人可以坐上去打扑克。"清嘉庆二十四年（1819）金世宗第二十七代孙完颜麟庆来此拜谒山陵，所绘拜山图中，还有老虎优哉游哉地在小溪旁饮水的画面，可见清代中期这里仍是一片原始森林，猛兽经常出没。附近的柳家沟和皋儿沟中，随处可见废弃的建筑石构件和砍凿劈裂的山石废料，可以想象当年海陵王仅用半年多的时间构筑山陵，动用了数以万计的民工劈山凿石的壮观景象。

第三节　主陵区内重要发现

　　说起洛阳铲，中国的考古工作者无不知之，可谓声名显赫，因为它原本是一种盗墓用的工具，后为考古界运用于考古探测，大获成功，遂堂而皇之成为最常见的一种考古探测工具。考古队大规模地发掘遗址或墓葬必须用洛阳铲先行钻探。然而，从20世纪80年代开始，考古界开始尝试用先进的科技手段，如物探法、电极法、雷达法等进行考古勘探。2001年3月，再次调查金陵时，我们聘请了陕西大地勘探研究所用洛阳铲先行钻探。为了配合考古钻探，我们在主陵区选择四处重点：金太祖完颜阿古打睿陵、金世宗兴陵、金睿宗景陵及主陵区西南的皋塔——传说为梁王宗弼金兀术墓。考虑到金陵遗址地处山区，我们还聘请了中国地质大学（北京）物探系地震教研室合作。项目负责人曾校丰教授及钱荣毅、常锁亮、邓新生等人，于2001年4月6—8日进行物探。他们在九龙山南侧山脚的金陵主陵区内亦设置了四个物探区。一号探区为金太祖陵，地面残存部分为清代三合土宝顶；其西约50米处为二号探区；其东约50米和100米处分别为三号和四号探区。其中一号探区为重点探区。

　　地质雷达探测方法是近年发展起来的一种确定地下介质分布的电磁波探测新技术。和空中雷达探测以及地震反射波法相似，它利用一根天线向地下发射宽频带的电磁波，当电磁波传播过程中遇到电性分界面时产生反射，形成反射波传回地面，被另一接收天线所接收并由仪器记录下来。反射波旅行时反映了近地表结构，如异常体埋深、地层倾向等；其幅度、相位、频率等特性反映了电磁波所经过介质的电性质如介电常数、电导率、磁导率的差异及地层厚度。由于岩层（地层）的电性往往存在差异，因而通过对资料进行数据处理和解释，最后可以确定地下介质的形态和位置。

根据北京市文物研究所提供的有关墓穴的粗略分析资料（埋深和大小），对所用仪器为美国产SIR-2型地质雷达系统天线频率和其他采集参数进行试验，分析对比试验资料，确定了本次探测主要使用中心频率为100兆赫的天线，同时优选出最佳采集参数。

本次实测线近50条，数据文件约120个，数据量达122兆字节。

资料处理和解释：本次采用地质大学物探系自己研制的专用地质雷达处理软件，对现场采集的数据进行计算处理后，绘制出各测线的时间剖面，供分析解释。其中包括一区的宝顶中线（南北向、东西向），从宝顶南沿向南的测线1—7各一条剖面；二区的测线3、5两条剖面；三区的测线2、3、5三条剖面；四区的测线2、3两条剖面。分析各测区剖面，可得到如下认识。

一区内各探测点剖面有明显异常，说明地下有异常体存在，异常体顶部深度在8~10米，异常体东西宽度为4~8米，南北长8~11米，我们初步认为可能为墓穴或墓道。

二区由北向南各测线也存在异常，其深在9~12米，且异常体自东向西的宽度较大，一般为20~40米，初步解释为地下岩体。

三区6条测线中测线2、测线3、测线5也存在较明显的异常，尤其是测线2、测线5，异常体埋深在9~11米，宽度为4~6米。这两处异常体也有可能是墓道和墓穴。测线3处的异常体为岩体的可能性较大。后经陕西大地勘探研究所用洛阳铲钻探证实，此处为金世宗兴陵（编号M9）。

四区3条测线中，第1测线上未发现异常，测线2、测线3上均发现了异常。其中测线2中的异常体较小，存在墓穴的可能性不大，测线3的异常体可解释为地下岩体。

此外，第一测区南偏西100米处，皋塔下方和塔南也发现了异常，怀疑是塔下地宫。[1]

由于金陵主陵区位于九龙山南侧山脚坡地，陵园大部分早已变成梯田耕地，种有庄稼和果树，地表多凹凸不平，杂草荆条丛生，碎石墙、陡坎、篱笆等障碍物遍布，给现场探测造成一定的困难。

为了确认"睿宗文武简肃皇帝之陵"的位置，2002年4

---

① 北京市文物研究所：《北京市房山区金陵地质雷达探测报告》，见《北京金代皇陵》附录五，文物出版社2006年版，第220页。

月，我们再次诚邀中国地质大学（北京）物探系地震教研室合作。专家认为在太祖陵和世宗陵以东可能存在睿宗陵。为探查睿宗陵墓是否迁移至该区及其具体位置，根据专家建议：睿宗陵如果存在，应在太祖陵（M6）的左下方、世宗陵（M9）的左上方，其埋深估计在12米以内。据此他们把探区布置在紧邻世宗陵东边的下梯田、太祖陵以东的上梯田，

金太祖陵（M6）探地雷达探测成果图

以及上述两梯田之间的中梯田。其中下梯田分为东、西两个测段。共4条测线，分别为44~50米，均为东西走向。

根据北京市文物研究所专家提供的有关墓穴的粗略分析资料（埋深和大小），对所用仪器天线频率和其他采集参数在世宗陵区进行试验，分析对比试验资料，确定了本次探测主要使用中心频率为100兆赫天线，同时优选出最佳采集参数。

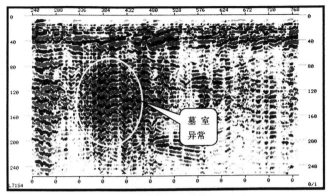

世宗墓——南长线雷达检测异常图 L71S4

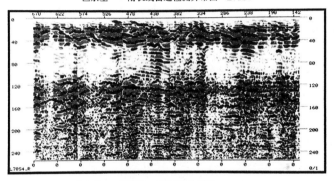

世宗墓——墓室南一线(无明显异常) L78S4.R

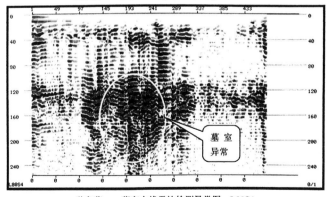

世宗墓——墓室中线雷达检测异常图 L80S4

金世宗兴陵（M9）探地雷达探测成果图

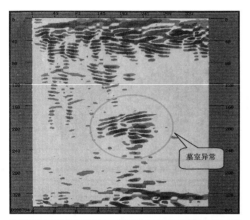

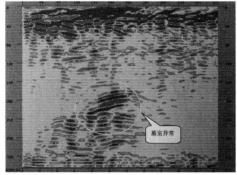

金太宗吴乞买恭陵（M7）探地雷达探测成果图

实际测线布置情况：

上梯田布置了南、北两条测线，长度为50米；

中梯田分别布置了南、中、北三条测线，长度为50米；

下梯田西段分别布置了南、中、北、北北四条测线，长度为44米；

下梯田东段分别布置了南、中、北三条测线，长度为50米。

以上测线均呈东西走向。

通过该区两次雷达探测，我们在采用地质雷达探测器探测地下墓穴方面获得了丰富的实际经验和较深刻的理论认识，为以后此类工作的开展打下良好的基础。

就本次金陵古墓雷达探测而言，可得到如下结论。

（1）在探区内发现几处雷达异常，其中几处异常现象为墓穴或墓道可能性较大。其余为非墓穴异常，很可能为地下岩体异常。

（2）由于条件所限，测区内测网不可能太密，测线不可能太多，加之垒石墙、小屋、开挖坑等障碍物的存在，有些测线无法布置。故不排除墓穴存在于测区和测线以外的可能性。

（3）和上次相比，此次所获得的异常不如上一次明显，这说明地下真实情况更复杂。

（4）由于墓穴和地下地质条件复杂多变，以及雷达探测具有多解性，又缺乏探区内地层的钻孔资料，使得探测工作存在一定的误差。

（5）建议在若干异常处进行（洛阳铲）钻探验证。①

探测结果上述四处均有异常，而后又用洛阳铲析证。钻探结果显示异常点处均为较大墓葬。但还需要以后发掘证实。

第四节　初探十帝陵

考古工作者大多是在野外寻找古人类的踪迹，称之为"踏查"，在日常工作中已习以为常。但初探十帝陵，使我们经历了一场恐怖的探险。2001年4月初，考古队进驻龙门口村后，我提议从调查十帝陵入手，后经宋大川所长同意，我、宋大川和陈亚洲共同前往十帝陵调查。

---

① 北京市文物研究所：《北京市房山区金陵东区地质雷达探测报告》，见《北京金代皇陵》附录六，文物出版社2006年版，第225页。

《金史》卷五《海陵王本纪》记载，海陵王于贞元三年（1155）营建大房山山陵，一年之后的正隆元年（1156）"七月己酉，命太保昂如上京，奉迁始祖以下梓宫。……十月乙酉，葬始祖以下十帝于大房山"。而十帝葬所，没有确切的记载。

金陵主陵区所在的龙门口村其西南的山谷里有一处石门峪，当地人称"十王坟"。清代文献称"十王冢"。清《光绪顺天府志·地理八》记载："冢墓"条引《房山县志》："十王冢，在县西北十五里石门峪。"并注曰："《志》又云：金之宗藩也。"《光绪顺天府志》还称："太祖睿陵在县西北二十里云峰山下。"

冢和坟是两个不同的概念，在于它们所代表的社会地位和身份不同。"冢"的本义是高大的土丘，是针对有杰出贡献的人物、有身份的人，或皇室贵族，其社会地位越高，"冢"的外观就越高大、雄伟。而"坟"是平民百姓死后埋葬尸骨的地方，构造简单，就是地下棺材、地上土丘。

按史书记载，"十王冢"就是海陵王所迁葬的"十帝陵"，应在金陵主陵区兆域内，是高大的陵寝或是高大雄伟的土丘。然而，经实地考察，既没有土丘也没有坟，而是乱石堆满山谷，给人以恐怖感。

石门峪位于龙门口村西北2.5公里，与龙门口村相隔一道山梁，呈东北—西南走向。走进山谷500米左右，两侧山石高耸，人称"小石门"。从小石门再往前500米，更有巨石突兀，如雄关般地夹峙左右，名为"大石门"。石门峪之名，显然是

石门峪的大石门（姚敏苏　摄）

石门峪的陵墙（姚敏苏　摄）

从地形得来。

大石门以西有一道山梁将石门峪分成一西一北两峪。山谷深处地势陡峭，荆棘丛生，几乎无路可行。在北峪峪口以北距大石门1公里左右，有两道高大的陵墙从谷底拔地而起，两墙分立沟谷两侧，相距数十米，与山体相连，残高20余米，残长分别有数十米，墙体厚约1.8米，用粗加工的扁长石块垒砌。陵墙至山谷深处的区域大约10000平方米。在大石门附近路旁，遗有头部残缺的汉白玉石坐龙，还发现一段石质流水槽；在山谷尽头的山坡上，发现有金代沟纹砖、布纹板瓦等建筑材料堆积。1986

年调查时，在沟谷中还发现有高0.8米、直径1.1米的八棱形华表底座，还有石柱础、汉白玉栏板和望柱等残损构件。根据上述考察，结合文献推断，所谓"十王坟"应当就是金代的十帝陵。高大的陵墙围出的区域应该是陵区的范围。它由群山环抱，居高临下朝向大石门。陵墙似为山洪下泄所冲断，残垣断壁的陵墙以上的山坡，应该还曾有建筑。

十帝陵内的残石坐龙（姚敏苏　摄）　　散见的金代沟纹砖（姚敏苏　摄）

初探十帝陵，我们没有经验，也没带向导，只是按老乡所指的大方向进山了。过了石门峪，沿着山区小路缓慢前行，在小路的尽头有一条30~40米宽的大峡谷，峡谷内乱石嶙峋，大大小小支棱着，简直无路可走，也无法落脚。我们三个人在大峡谷中，各顾各地寻找脚下的石头，踩稳后，跳过去，再找下一块石头，这样一跳一跳地往前挪。这些堆积成山的乱石块，一眼望去至少几里远，没有尽头，而且越走越高，每个人都累得大汗淋漓。整整两个多小时，我们都在寻找上山的路线，越走越累，最后也没找到十帝陵，只能打道回府。回去也是一跳一蹦地往回走，俗话说"上山容易下山难"，如此这般的山路下山就更难了。我们各自只顾自己脚下的石头，猛抬头，看不见房山文管所的陈亚洲了。他与我们失去联系，就在这一狭窄的山谷里找不到人了，我与宋大川所长等一会儿喊一声："陈——亚——洲——"在这空旷的山谷里，只有回声传得很远很远，但始终不见人影儿，也没人应答，走走停停，始终不见陈亚洲赶来。我和宋大川所长只能自己先下山了，因为陈亚洲是当地人，相信不会走丢，也不会有什么安全问题。我们决定先回到车厂村委会办公室等他。大约过了一个小时，陈亚洲气喘吁吁地回来了，一个壮汉被累得满头大汗，脸色蜡黄，坐在沙发上竟然虚脱了。他也说不清楚自己怎么失联了，在山上转了两圈，没有找到我们，就自己下山回来了。可以想象十帝陵地势多么险要。

峡谷中堆积如山的乱石块（姚敏苏　摄）

2004年，《北京金代皇陵》发掘报告书稿已交付文物出版社。为了证实"十王坟"就是文献记载的"十帝陵"，2006年3月，我和责任编辑姚敏苏还有负责报告中文献部分的夏连保先生，决定再次考察"十帝陵"。我们吸取上次的经验教训，事先在村里找了一位年轻的向导带路。多年后姚敏苏在《海陵王：一个废帝和一片皇陵——金陵考古闻见记》回忆录如此写道：

从龙门口的工作站出发，翻过一道山梁，进入石门峪。石门峪的山口由两座巨岩夹峙，称为"大石门"，威严地把守着一片要害重地。山梁上荆棘丛生，几乎没有路。山上春来得晚，还没有长叶子呢，荆条就杂错交织，密得看不见路了。我们在向导引领下，在荆棘棵子里钻爬，实实在在体验了什么叫"披荆斩棘"。黄先生怕把他的宝贝皮夹克划破了，脱下来拿着爬，而我更是累得面红心跳。

爬到山梁高处，终于看见一道大石块垒砌的高大石墙，从沟谷拔地而起，足有几十米高。残断的石墙断断续续，围拢着一片山谷——终于找到了陵墙。山坡上草丛间也发现了跟主陵区一样被斩了龙头的石雕坐龙，还有典型的金代沟纹砖，看来山坡上一定曾经有地面建筑。陵墙和散存的遗物，都是直接证据，说明十王坟正是十帝陵。只是时代更迭，它们几乎湮灭在历史的泥土里了。

翻过山梁，一条沟壑里布满乱石，几乎是一望无际，足有

披荆斩棘的考察（姚敏苏　摄）

几里范围没有一块平地，尖尖棱棱的石块上完全无处落脚。这些不规则的石块是哪里来的？跟十帝陵的建筑有没有关系？我不敢妄加判断。只是感觉有些恐怖，眼前的场面像是经过一场天灾，不知是地震还是洪水，把许多乱石冲到这条沟里。上一次把他们累惨了的，就是这条路——根本就不是路。也许正是人迹难至才让这片陵区免遭毁灭的吧！

　　这就是田野调查的魅力，在实地把历史看明白了，累到极限的身体，以及兴奋到极限的心情。整个编书的过程，如同跟着考古学家的脚步，上金代走了一遭。细读《金史》几乎像看小说一样。真实的历史，远比故事精彩得多。

《北京金代皇陵》发掘报告是2006年底出版的。真如徐苹芳先生所言，是对研究金陵的一大贡献。考古，就是用特殊的技术手段解读历史，复原历史。考古学家的思维和视野，可以纵贯古今。枯燥的学术研究，也是乐趣无穷的。

在此，感谢文物出版社副编审姚敏苏对考古工作者的评价。姚敏苏对自己的工作非常认真负责。20世纪90年代中期，我写的第一本发掘报告《北京龙泉务窑址发掘报告》就是姚敏苏做责任编辑，在编辑《北京金代皇陵》时更是如此。那段时间，我还在金陵考古工地整理资料，为了核实稿子，她几次三番前往金陵考古工地考察核实资料，非亲眼看到才算。"眼见为实"。每次去房山，我们都事先约好了，在前门公交车站集合，搭乘开往燕山石化区的长途大巴车，到达燕山后再由工地的"2020"吉普车接她进山，到金陵考古工作站。下午，工作结束，她还要自己乘坐长途汽车返回城里，一路上很是辛苦。我退休后，曾在她的公众号《阿遥茶话》，陆续发表一些纪实性回忆录、老北京民俗及市井文化、游记等文章十余篇。经她编辑的每一篇文章，无论是语言表达、文字组成、语法规范，还是文风把握都非常精湛。她对文章进行精准修辞并精心排版，使其变得更加通俗易懂、简洁明了。

第五章
金陵遗址发掘

　　金陵发掘完全按照国家文物局《田野考古操作规程》进行实际操作，而且采取土洋结合的形式。我们聘请了陕西大地勘探研究所采用洛阳铲在金陵主陵区先行钻探，同时考虑到金陵地处山区，会给洛阳铲钻探带来一定困难，所以又聘请中国地质大学（北京）物探系使用雷达探测器及中国地震局地球物理研究所实施"三维电阻率"多道直流电法，即电极法等高科技手段进行勘探，对其中"异常情况"再用洛阳铲析证，以保证金陵发掘质量及科学性。

　　2001年4月6日，考古队进入九龙山南脊金陵主陵区，对陵区进行第一、第二阶段重点考古钻探。在清代地面遗留的小宝顶前布14个探方（T1—T13、T17），并清理了陵区西北至东南方向排水沟的入水口及出水口，石桥及石桥向北的神道、神道柱，汉白玉石雕踏道，神道两侧的4处台址（其中有两处是金代碑亭遗址），F1东大殿（享殿）建筑遗址，F4西大殿建筑遗址，以及神道北端明代遗存关帝庙遗址散水部分。

第一节　平面布局

　　金陵主陵区是金中都皇室陵寝的重要组成部分，平面布局采用中国传统的建筑模式，以神道为中心轴，两侧对称布局，由石桥、神道、石踏道、东西碑亭、东西大殿、陵墙及地宫陵寝等组成。在其陵域内包括了帝陵区、坤厚陵、诸王兆域三部分。因其建在九龙山下缓坡台地上，依山而下，北高南低，故称"山陵"。

金陵主陵区石踏道全景

山陵入口处修建了一座南北走向的石桥，石桥北是一条南北长200米、稍呈弧形的土筑神道。在神道南端东西两侧各有一个神道柱，现仅存柱础石。神道北端接近石踏道的东西两侧各有一座砖石结构的高大建筑（金代碑亭），现在仅存柱础和砖砌台基。石踏道应该是主陵区中心部位，用雕刻精美的汉白玉石铺设台阶及栏板；踏道南端两侧各有一只石雕坐龙。因为地势偏高，该踏道仅残留一段。由踏道拾级而上的台地上，又发现两处东西对称、形制略小的台址。在第四台地的西侧发现5座石椁墓，其中M4（陪葬墓，墓主人不详）下西北角叠压着南北向的石圹阶梯式墓道，疑是金世宗的陵寝墓道（M9）。与其对称的东侧70米处，经钻探及中国地震局地震信息中心勘测，也存在类似地下陵寝建筑的异常现象，南北长6米、东西宽5米、深4~6.5米，疑是金世宗之父睿宗完颜宗尧之陵。

　　清入关后，曾多次到金陵祭祖。特别是清康熙二年（1663），重新修缮了金太祖和金世宗陵。现在地面上仍然保留着一大一小两个圆形宝顶。调查资料表明，20世纪70年代，小宝顶四周仍有宝城、享殿、碑亭及康熙御制碑。1975年，当地农民修筑梯田，将其捣毁并夷为平地，现在仅存砖砌小宝顶。该遗迹之南30米处正对着石圹阶梯式墓道。本次发掘在小宝顶南侧（T4）金代地层中发现大殿遗址（编号：F2），与其对称的东侧，也发现一座大殿遗址（编号：F1）。

　　关帝庙遗址在东北侧，应是明代天启年间明朝政府捣毁金陵后修建的，以镇"龙脉"。关帝庙以北的台地上即是金太祖陵的石圹竖穴陵寝（M6）地宫。在其东西两侧各有一处形制略小的石圹竖穴墓（M7、M8），据史书记载分析，应是金太宗吴乞买和完颜亮之父德宗完颜宗幹的陵寝。

金太祖陵之北遗有砖砌大宝顶，当年在大宝顶前也有享殿和一通御制碑，20世纪70年代也被当地农民捣毁。太祖陵西侧发现有宽大的东西向和南北向两道陵墙。为了防洪，在修建山陵时，在陵园东西两侧山谷处用花岗岩建有两条排水泄洪沟。为了迎合堪舆学之说，西排水沟有意从西北引向东南，然后从入陵口的石桥下穿过，即陵寝南端的"朱雀"方位。另外，在主陵区西陵墙外，西南侧皋塔下，当地传说是"金兀术

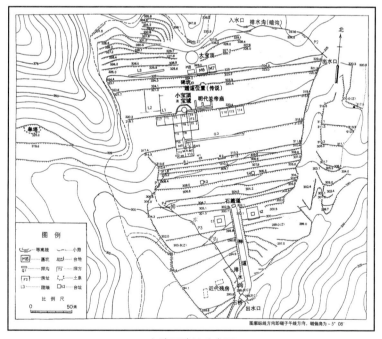

主陵区遗址分布图

坟"，经钻探有长30米、宽20米，为纯净黄色夯土层，不见墓中回填的五花土。20世纪80年代中期调查金陵时，在当地居民传说的皋塔下压着"兀术坟"下方的梯田中，发现一方大青石碑，虽然字迹模糊，但仍可辨认出：

"钦□……瑞云宫……祖师□□正阳真人门下提点受□祖□□大师王道通仙……"

据《日下旧闻考》卷一三二记载："瑞云宫在金太祖陵侧，遗址仅存。"此碑证明了瑞云宫的位置，故该黄土夯层不排除"瑞云宫"的建筑基址。有待今后发掘证实。

第二节　遗迹发掘

田野发掘最主要的是掌握考古地层学。考古学家宿白先生曾讲过："田野的问题，一定要在'田野'解决。"这里主要讲的也是在田野考古中的地层问题，即通过判定遗址中诸堆积形成的先后过程或次序来研究遗存之间相对年代早晚关系的方法。根据土质、土色区分不同堆积，并根据叠压、打破及平行关系确定不同堆积形成的先后次序，又反过来在观察、分析各种文化层形成的基础之上以相关的理论来指导发掘工作，同时对各层次的遗迹进行处理，从而确定它们的相对年代，也就是其在时间上的先后关系。金陵遗址文化堆积虽然比较简单，除了耕土层以外，有清代层、明代层、金代层，但是，它们之间也有较复杂的相互叠压和打破关系。下面依地层关系，介绍发掘情况。

一、石桥

石桥，山陵入口处修建南北走向的石桥，民间称之为"奈何桥"。相传有一条路叫黄泉路，有一条河叫忘川河，河上有一座桥叫奈何桥。走过奈何桥有一个土台叫望乡台。望乡台边有个名叫孟婆的老妇人在卖孟婆汤，忘川河边有块石头叫三生石，孟婆汤让你忘了一切，三生石记载着你的前世今生。当人们走过奈何桥，在望乡台上最后看一眼人间，喝杯忘川河水煮的孟婆汤，"今生有缘无分"又何必强求。

我们发掘期间，经常有人参观。我介绍说："此桥又叫一步桥，跨过一步桥就阴阳两相隔，以此桥为界，又开始新的轮回。"这虽是神话传说的故事，但亦属于非物质文化遗产，口口相传保留至今。

齐心、宿白、徐苹芳等先生视察金陵的石桥。右为笔者

石桥平面为长方形，南

石桥（由北向南）

北长5.8米、东西宽10米。桥面用两层花岗岩石平铺错缝垒砌而成，桥下为方形水涵洞。由于年代久远，长期暴露在外，石桥东西两侧的栏板及望柱均已缺失，仅存栏板下面的地栿槽。石桥西侧与一条西北向东南的暗排水沟相接，东侧为排水沟的出水口，做法讲究，由粗花岗岩石筑成。出水口端立面呈梯形，上宽1.1米、下宽1.2米、高1.5米。暗沟则用花岗岩石覆盖，上承托着石桥面。山陵西北暗沟里的水与东北明沟的水在此汇合，出水口外端是一片6.5平方米的小开阔地，波光粼粼的水面形成玉带河。涵洞内出土两件铜坐龙，造型优美，是典型的金代器物。

小铜坐龙

二、神道

神道，即神行之道。神道又称"天道"，语出《易经》"大观在上，顺而巽，中正以观天下。观，盥而不荐，有孚颙若，下观而化也。观天之神道，而四时不忒，圣人以神道设教，而天下服矣"。神道最早出现在西汉。古代的人们笃信灵魂不死，认为人死后，只要有仙人迎接，灵魂就可以升天，进天界。长沙马王堆汉墓中出土的帛画，画面上段绘有日、月、升龙和蛇身神人等图案，象征天上的境界；下段绘有蛟龙穿壁图案以及墓主人行出、宴飨等反映墓主人生前奢华生活的场面；中段反映的就是墓主人在神仙的引领下升天的情景。

在陵前修建神道，一方面是为方便神仙进入墓中，另一方面是为了方便墓主人在神仙引导下经过神道升入天堂。

神道两边的石刻是墓主人的近臣——文臣武将、奴仆及瑞兽，他们守护于墓主人行走的道旁，表示吉祥和恭敬。石碑则记述表彰墓主人的功德，以便神仙了解和后人瞻仰。

完颜亮自幼仰慕汉文化，深受中国传统文化影响，因此在修建祖宗陵寝时亦仿效汉文化的飘逸气质，在陵园入口处（凤凰亭到胜利桥，可能还要长一些）修建了主神道，两边立有石人、石马、石羊、石虎等石像生，可惜现已毁尽。

中国古代帝王陵区的主神道是公用的，如同大树的主干，而去往各陵的辅神道有如分枝。最先建陵的皇帝修建的主神道通常会直达其陵前，以后的帝王在主神道的基础上，向其他方向延伸辅神道，通往各自的陵前。明十三陵是典型的帝王陵区布局，其祖陵为明成祖朱棣与仁孝皇后徐氏合葬的长陵。从大红门开始的7公里主神道直抵长陵。

金陵主神道在今凤凰亭一带，除了通往金太祖阿骨打陵以外，还应有通往诸王兆域、坤厚陵的辅神道。

阿骨打陵前神道，位于石桥北端，由南向北顺地形而上，中南部分略有弯曲，其北侧正对着金太祖陵，全长200余米，方向170°。神道中部有一段台阶式的石踏道。由石桥至石踏道的神道长107米，宽约7米。此段神道卜面是路土，其南段长49米的路面均已破坏，49米以上

土筑神道

至石踏道一段长58米，保存尚好。路面铺一层汉白玉碎石渣，路土厚3~7厘米，踩踏面坚硬。

神道柱，在东汉时已出现，是竖立于祠堂、陵墓等建筑物之前神道口处的石柱。神道柱分三部分：一是下部基座，即柱础；二是中部柱身，柱身往往有长方形石额题字或饰以云龙纹

浮雕；三是顶部圆形上盖，盖上刻有镇兽，如十三陵主神道前的神道柱。

金陵神道南端与石桥连接处东西两侧亦有神道柱，但是仅遗留有神道柱础石，柱身部分已淹没。东侧柱础为近方形花岗岩石凿刻而成，长75厘米、宽70厘米、厚35厘米；中心凿八棱式凹槽，直径40厘米。西侧柱础石为方形青石凿刻，边长60厘米，中心凿八棱式凹槽，直径40厘米。西侧柱础石选材和凿刻较为精致，加工细致，可能是清代修复金陵时补配的。

三、石踏道

位于神道的中部，残长3米、宽5.4米、通高1米。踏道遗存有8级台阶。每层台阶由3~4块汉白玉石条组合，长4.4米、宽0.3米，逐次向上错缝砌筑，每层高13厘米，踏道面满工雕刻着缠枝卷草忍冬纹。台阶两侧立汉白玉石雕栏板，栏板内侧雕双龙追逐图案，外侧雕牡丹纹。雕刻繁缛，精工细作，是金代极佳的石刻艺术品。栏板南侧即第一层台阶下，两边各有两个覆盆式柱础。柱础前发现两件龙头被砍、残高67厘米的石坐龙。20世纪80年代，在踏道北端曾零星出土4~5块雕龙纹、牡丹纹的石栏板。可见这个踏道往北应该还有10米左右，所以我们在往北10米处打了一条东西方向的探沟，但没发现任何遗迹，估计当年明政府军把踏道也给毁了。这种满工雕刻的石踏道在国内皇陵中尚属首次发现。

石踏道工作照

这段石踏道是20世纪80年代中期考古队调查金陵时发现的。当时出于保护日的，连同"睿宗文武简肃皇帝之陵"石碑一起回

石踏道栏板细部

填掩埋。时隔十几年后，具体位置也模糊了。发掘前找来陕西探工马洪波用洛阳铲钻探，很快找到踏道具体位置，由陈亚洲指挥民工向下发掘。就在民工下去第一铲的瞬间，从土里蹿出一条足有两米长的大花蛇，呼啦啦，在场的工人全吓跑了。有胆子大的声称，要打死它。也有人说不能打，说这是保护皇

满工雕刻缠枝卷草忍冬纹汉白玉石台阶

陵石踏道的神物，不要动，放了它。我也不赞成打死，赶快放了。

四、1号（t1）台址

位于踏道的西南侧，与2号台址相对称，形制基本相同。

以1号台址为例：砖石结构，现仅存柱础和砖石台基。两个台址东西平行相距35米，平面呈"凸"字形，由夯土台基及土衬石组成，东西通长23米、南北宽19米。台基正中在夯土中铺土衬石。基址四面设门，其东、西、北三面门遗迹保存好，南门破坏严重。各门均位于夯土台基外侧，门与台基之间用黄土与石块连接而形成缓坡。

1号、2号台址俯视图

北门平面呈"凸"字形，门宽4.7米，两侧遗有柱础，两柱之间设地栿，长4.7米、宽0.4米、深0.2米。东柱础南侧遗存有砖砌坎墙，仅存一层基础砖。西柱础南侧亦遗有一段东西向坎墙。坎墙外用方砖平铺散水。在地栿前用双层立砖砌成东西向牙砖，然后向南拐，围着散水垒砌而成"凸"字

1号台址复原后的情况

形，然后与东西两侧的"凸"字形牙砖相接。

门内缓坡上横放一件汉白玉雕的残龟趺，长2米、宽0.4米、高0.6米，残留下半部，双腿跪卧，应该是石龟趺砸毁后放置在此的，略南正中侧立一块汉白玉石，长3米、宽0.4~1.1米、厚0.35米，疑为被凿去文字的残碑。整个台基做工讲究，夯筑坚实。在台基南端东、西两角各放置一块长、宽各50厘米，厚10厘米的正方形柱础石，础石上的础槽痕迹约40厘米见方。

东门平面亦呈"凸"字形，门宽4.7米，下设地栿，地栿南北两侧放置方形柱础石，长、宽均为50厘米，厚25厘米。北柱础遗有东西向坎墙，散水外也铺砌牙砖。该门与台基相接处也用黄土与石块夯筑后形成缓坡。东门外南侧有路面，北高南低，路土上铺一层汉白玉石砟，其做法及坡度与神道相同。

西门与东门对称形状相同，但破坏严重，仅保留两侧柱础石。

南门破坏严重，仅保留与夯土台基相连的缓坡，高0.2米。其上路土面层次清晰且质地坚硬，再上面铺碎石砟缓坡而下，坡度与神道相同。

五、2号（t2）台址

2号台址位于石踏道东南侧，平面呈"十"字形，由夯土台基和土衬石组成，并且台基四面设小月台。台基正中土衬石距离现地表0.5~0.7米，平面呈长方形，由15块大花岗岩石组成。其规格与东侧明显不同，似为碑亭。发掘资料表明，该台基由两部分组成。其主台基平面呈长方形，东西长13.6米、南北宽10.6米、高1.6米，由素土和碎石夯筑。在夯土台基四角均放置柱础石。其中东南和西北角为方形柱础，边长50厘米、厚20厘米，础槽为40厘米见方。西南角柱础为覆盆式，长48厘米、宽47厘米、厚40厘米。东北角放的柱础形制与此相同。

台基第二部分建筑是在台基四面正中部分砌墁道式的小月台。其中东北端的小月台保存较好，东西长5.8米、南北宽4米、残高0.3米。月台东、西、北三面用砖"一丁一顺"错缝垒砌。

发掘期间，考古学界的泰斗宿白先生在徐苹芳先生、齐心先生陪同下来工地考察多次。此时宿先生已经是79岁的老人了，可是上下山不用人搀扶，步伐矫健，时间最长的一次，在工地停留近3个小时，久久不愿离去。先生一再叮嘱我说："搞金陵遗址非常辛苦……一定把地层搞清楚。"

当时在神道两旁发现有台址遗迹，我最初认定是"鹊台"。宿先生问找："依据什么定的？"我振振有词地说："依据河南北宋皇陵前面有两个对称的'鹊台'，还有东北阿城'和陵'阿骨打陵前高大的建筑物也叫'鹊台'。"宿先生说："不行，这个依据不准确。不知道的地方不要瞎起名。"我说："那您给起个名字。"先生笑眯眯地说："我不知道，我也不给它瞎起名。"2002年春节，我去宿先生府上拜年，先生仍然揪住"鹊台"一词不放。我故意"抬杠"说："这处遗迹我真不知道叫什么名字，您那么大学问，也不给起个名。人家都叫'鹊台'，咱们也这么叫吧。"宿先生说："金代鹊台你见过吗？"我说："您都没见过，我上哪儿见呀。"先生接着说："对，咱们谁都没见过。我去年就说过，不要瞎起名。考古是一门科学，来不得半点虚假……我看就叫台址，让别人研究去吧。"我不知道用什么词语形容宿先生治学的"犟劲"，但是又非常佩服先生治学严谨认真的精神。先生严谨的学风潜移默化地教育了我。我在正式发表《简报》的时候，将"鹊台"改为"台址"（见《考古》2004年第2期）。2003年10月，我邀请著名古建筑专家王世仁先生来金陵考察，王先生认为这两处台址应该是金代碑亭遗址，撰写了《北京房山金陵碑亭原状推测》的研究性文章，并绘制出金代碑亭复原图（见《北京金代皇陵》，文物出版社2006年版）。实践证明，宿先生坚持己见是无比正确的，令人钦佩。

王世仁先生，北京名城保护委员会专家顾问，原北京市古代建筑研究所所长。1956年毕业于清华大学建筑系，从事建筑历史、建筑美学和文物建筑保护工作。20世纪五六十年代，刘敦桢先生主持编写《中国古代建筑史》时，王世仁、刘致平、傅熹年受命对若干汉唐遗址作过复原研究，主要成果收入《中国古代建筑史》中。这些研究成果在全面展示中国古代建筑的形制、结构方面，具有很大的价值。

王世仁先生在金陵考古工地认真仔细地观察、研究两个遗址的结构和特点。第一，反复辨认比较，确认应该是金代碑亭遗存。同时在核查校正时，参照宋代（金代）尺度，取得合理

著名古建筑专家王世仁考察金陵碑亭遗址（从左至右：王世仁、黄秀纯、陈亚洲、宋大川）

的数值。第二，参照宋代建筑规范《营造法式》。从现存实物和文献可知，金代建筑大部分是继承宋制。海陵王迁都，主要原因之一就是钦慕中原宋人文化。海陵王至章宗营造大房山陵墓之时（贞元三年至大安元年，1155—1209），宋《营造法式》已于崇宁二年（1103）颁行，其间50余年，此书在中原和北方广为流行，金陵建筑也应当以此为主要规范。现在残存的一些石构件，与宋《营造法式》规定的形制也很接近，但也有变通（宋代建筑也不是每一部分都符合《营造法式》规定）。第三，多参考学术界对同时期的木结构建筑比例法则的研究成果，如用"材"制度、柱高、开间、出檐等比例关系，再结合宋《营造法式》进行比较判断。第四，对多种可能的方案，从文化层面进行选择，例如具体尺寸、样式风格等。

关于两处遗址年代的推断：两处遗址位于"神路"的北端，东西对称，遗址中心间距57米，折合18.6丈，是"阴"数尺寸。

两处遗址中心部位均有条石铺的长方形基石，显然是承载重物的基础。在西遗址（t1）内发现长约2米、宽约1.1米的碑身和一件鳌腹残件，东遗址（t2）内也发现鳌首和鳌背残件，由此可以断定，二遗址为"神路"两侧对称的碑亭。碑身残件已无字迹，无从了解其内容。从它们所在的位置分析，一是在它们以南已无陵墓；二是两者形制完全相同；三是两亭之间有一段雕刻精致的踏道，两侧雕花栏板，此段踏道可能是皇陵的正门（牌坊或殿座），两亭一门共同成为皇陵区入口的标志。

此二碑亭的建造年代无直接文献记载，只有遗址尚存的台基砖和散水砖可以断定为金代建造。按文献记载，九龙山皇陵区大体上经过三个阶段的建设。第一阶段是海陵王在贞元三年（1155）由上京迁陵，改造云峰寺，建太祖睿陵、太宗恭陵和海陵父德宗顺陵三陵。第二阶段是世宗即位后，于大定二年（1162）削德宗庙号（仍保留"皇帝"称号），同年由上京迁睿宗灵柩于太祖陵西侧，名景陵。近年考古发现，太祖睿陵之西有一通保存完整的金代"睿宗文武简肃皇帝之陵"石碑，可证此处即为睿宗景陵。但石碑位置在德宗顺陵岩坑之正前面，按照常理，没有特殊需要，不会发生后代把石碑整体迁移的事情。而据《大金集礼》卷四记载，直至大定二十二年（1182）才把宗幹（德宗）灵柩"迁出顺陵，改名为墓"。可见大定三年至二十二年间（1163—1182），此处仍是顺陵。两事颇为令人费解。笔者推测，世宗初年，天下初安，难以动用大量物力营造豪华陵墓，大定二年在太祖睿陵西侧营造的景陵，可能规制狭小，10年以后国势中兴，同时削去宗幹的帝号降封为辽王，迁出顺陵，改葬睿宗于此，称为"景陵"，重新立了现在发现的这通墓碑。而把原来的景陵扩大规模，改造成为自己的陵墓（兴陵），并重新规划陵园，兴建了入口的碑亭和大门，也许其中一通石碑上就记载了迁陵的缘由。第三个阶段是大定二十九年至大安三年（1189—1211）金章宗营造其父追谥的显宗裕陵和他自己的道陵。经国家地震局于2003年使用三维电阻率法探测，与世宗兴陵对称的东侧，地下有空穴，可能是一墓坑。笔者推测，此空穴应是裕陵，而道陵不在此处的陵区内。金章宗是一位既讲究享受又颇有艺术修养的皇帝，他在位期间，中都内外兴建了许多豪华精美的离宫别苑，对于陵墓，自然也要别出心裁、踵事增华。据现场勘察，由兴陵、裕陵向东一线约80米的柳家沟，是一处林木茂盛的山坳，前面的小路上有巨大的石鸱尾和石斗拱遗物，山坳内还有未经清理的大面积建筑遗址，这里可能就是金章宗特别为自己营造的陵园道陵。石鸱尾、斗拱位置在道陵的入口，这些石构件应是入口牌坊或大门的建筑构件。在元代，"道陵苍茫"已是"燕南八景"之一，这也可以从一个侧面说明，道陵是一处幽深苍郁的独立陵园。如是，则两座碑亭也可能是章宗为结束旧陵区、开辟新陵园而营造的标志性建筑。为此，王世仁先生根据宋《营造法式》，对金陵碑亭原状推测复原，首都博物馆按比例缩小做了展示模型在首博展出。王世仁先生对房山金陵遗迹也做了考证并画了复原图。[①]

3号台址位于1号台址西北侧40米。台基部分均被破坏，仅保留土衬石部分，由九块花岗岩错缝平铺而成。因夯土台基简陋，故南侧石块略有滑坡。

4号台址位于2号台址东北侧40米，与3号台址对称并形制相同。

六、建筑遗址

1. 东侧大殿遗址

东侧大殿遗址（编号2001FJF1）位于神道东侧的T14东侧，耕土层下为泥石流冲刷层，遗址墙基被冲毁。大殿坐北朝南，北偏西5°。

该遗址为砖石结构，残留面阔两间，为9.6米；进深一间，5米。仅保留西墙和北墙的墙基，墙体用不同规格的长方形沟纹砖以白灰粘接平铺错缝砌成。

西墙残长4.12米、宽0.66米、残高0.77米。墙基先用素土夯筑，再用砖砌。"隔减"高50厘米、宽66厘米，向上略有收分，收分率1.2%。"隔减"向上为主体墙，残高20厘米、宽63

---

① 北京市文物研究所编：《北京金代皇陵》，文物出版社2006年版，第183—185页。

厘米，仅保留三层，用长方形沟纹砖内填土坯，残块垒砌，墙体外涂抹草拌泥后刷白灰，厚1.5厘米。北墙的做法与西墙相同，残高70厘米。隔减以上用方砖垒砌，内填土坯块，外抹草拌泥及白灰。西北角转角柱直径30厘米，此处砖墙斜抹角；隔断墙处设间柱，下面用方形石块做柱础，在墙外有一长方形莲瓣状壁垒，高24厘米、宽15厘米、深7厘米，可能是木柱的通风孔。东侧间柱的柱础石为长方形，长60厘米、宽40厘米、厚25厘米。据此判断原大殿可能是面阔三间或五间。

2. 西侧大殿遗址

西侧大殿遗址（2001FJLF2）位于神道西侧，清代小宝顶东南侧T3、T4、T6、T7内。这是一处坐西朝东的面阔五间、进深三间的砖石结构建筑。现仅存北侧两间半，面阔9.5米、进深10.5米，保留前檐墙及墁地砖，西墙北段及北墙保存较好，残高1.2~1.8米、宽0.8米，墙内遗有中心柱、间柱及转角柱等5个柱础。该遗迹南段被金世宗陵打破。

西大殿壁画残迹

北墙长10.5米、厚0.9米、残高1.25~1.8米。墙体做法与东大殿遗址相同，唯一不同处，墙内皮在白灰墙皮上绘有壁画，先用墨线涂四框，红色铺底，再用墨线绘各种花卉，灰皮厚

3厘米。由于房屋倒塌，灰皮已掉落埋入土中，我们只提取了保存较好的壁画残片。在北墙、东墙及西墙内外皮均残留壁画痕迹。

在西墙外偏北1.86米处，有一南北向砖墙建筑结构遗迹。南北长4.4米、宽0.8米、残高0.2米。在其西侧相距11米的地方，也发现样式相同的砖墙遗迹，南北残长2.4米、宽0.8米、残高0.3米。由于该建筑遗迹南侧及北侧被清代修建的金世宗的小宝顶打破，因此毁坏较甚，其形制与结构不详。室内用方形沟纹砖铺地面，方砖已毁，仅留白灰粘在地面上的痕迹。

3. F4建筑遗址

F4大殿遗址俯视图

2001FJLF4位于清代小宝顶西南侧、T17北侧，在T1及T2探方内。F4是一处坐北朝南的砖石结构建筑基址，由于破坏较甚，只保留东、西两侧部分残墙和东墙外的砖铺散水及甬道。其北部被陵墙打破，南侧被金世宗陵寝夯土打破。F4面阔四间、进深两间，东西宽10.4米、南北长7.5米。

东墙残长3.2米、宽0.35米、残高0.46米，用长方形沟纹砖单砖垒砌，外贴牙砖，室内用白灰抹墙。外墙东、西两端向北用单砖垒砌墙垛，直接顶在陵墙上，长0.8米、厚0.17米。

东侧墙体被小宝顶打破。F4明间面阔8米、进深7.5米，房屋前檐墙无存。室内正中用单砖砌隔断墙，将房屋又分成前、后两间。隔断墙破较甚，穿堂门的位置不清。

在隔断墙西侧发现一组南北通长的火炕（2002FJLK2），通长6.4米、宽1米，外屋仅留残迹。里屋火炕残存长3.5米、高0.6

F4K2烟囱及炕面

米，炕面南北平铺两排大方砖，下设两条火道。火道宽3厘米、高6厘米，火道之间用单砖平铺错缝砌火道墙。室内西北角出烟口处砌高大的烟囱，全长2.7米。其中烟道用单砖平铺错缝向内收缩垒砌，顶部已残，估计顶部可能是卷篷式，长1.5米、宽0.85米、高0.6米；西侧与烟囱相接，亦比较高大，长1.2米、宽1.2米、残高1.2米，平面呈马蹄形。

在烟囱西侧1.1米处发现一段高大的南北向院墙，残长6米、高约2米，单砖垒砌，厚17厘米，南侧残断，北侧直接顶在陵墙上。院内铺数块青石板。

次间面阔2.8米、进深残3.9米，其南部被破坏。室内残存南北向隔断墙，残长3.9米、宽0.35米、残高0.46米，墙体单砖平铺错缝垒砌，两侧立砌牙砖。室内北侧砖砌坐炕（2002FJLK1），东西长2.15米、南北宽1.12米、高0.33米。炕面南北向平铺长方砖，炕沿东西向平铺错缝砌长方砖，然后在炕沿外抹0.5厘米厚的白灰。由于隔断墙残毁，故推测其门应设在该墙的南侧。

F4K1坐炕全景照片

西墙残长7.5米、宽0.8米、残高0.6米，用长40厘米、宽17厘米、厚6厘米的沟纹砖平铺错缝垒砌6层。墙内填土坯块和素土夯实。西墙北端转角处有青石柱础，柱洞直径20厘米、深40厘米。后檐墙即北墙，东西残长10.4米、宽0.4米、残高1~1.3米，亦是用大长方形沟纹砖平铺错缝垒砌至隔减，隔减以上砌"一卧一立"长方形砖。室内墙面抹白灰。檐墙内遗有四块柱础石，由角柱、间柱组成，间隔2.5米，每块柱础石长40~50厘米、厚25厘米。

4. F5建筑遗址

2002FJLF5砖铺建筑遗迹，据四角铺垫柱础石判断，应是亭式建筑，坐北朝南，方向181°。面阔4.2米、进深6米。四角设柱础，分别长60厘米、宽40厘米、厚20厘米和长35厘米、宽30厘米、厚15厘米。亭内用长方形沟纹砖南北向错缝平铺。清理亭式建筑遗址时，在西北侧的砖铺地面下发现一灶坑，圆形，直径1米、深0.5米。边沿及火膛内立砌方形砖，已经烧成暗红色。灶坑内遗有大量草木灰。

F6、F7、F8三组建筑组成一个建筑群，位于神道北端G3内，清代棂星门遗址夯土堆积层下，破坏较甚，均保留北半部。F7应是一组大殿遗址，F6、F8应是廊庑建筑。F6位于主陵区神道北端东侧，由南往北第四级台地上，北临第三台地棂星门遗迹。平面略呈长方形，东西走向，东西长40米、南北宽1.5~3米、进深0.5~1米，方向北偏东5°。地面存有四个柱础石，除了西端柱础有扰乱外，其余三个均原地保留，柱础为粗糙的花岗岩石凿刻而成，长50厘米、宽40厘米、厚25厘米。每个柱础间距4.7米，第二、第三个柱础之间有门，用立砖砌地栿，门宽4.2米，门止中铺长1米、宽70厘米、厚2厘米的青石板。F6台基前铺散水，先用立砖铺牙砖两层，然后铺丁砖。

F7位于主陵区神道北端，清代棂星门夯土下。东侧与F6相接，西侧接F8。其南距石踏道80米。平面呈"凸"字形，面阔17.5米。仅保留北侧台基和台明部分，台基高0.52米，台基内填土夯实。台明残宽1.3米，外部横铺压栏砖。台基北侧平铺散水，先用长方形砖平铺砌，其外再立砌牙砖。台基正中顺山势向上用方砖沟纹朝上铺坡道以防滑。坡道北侧即清代夯

F7大殿遗址全景（由西向东）

土堆积，因土方量太大，没有向北清理。

F8位于主陵区神道西侧，东侧与F7紧邻，西段被M9墓道打破。平面呈长方形。方向北偏东6°，东西残长24.1米、宽1.9米。面阔五间，残留进深1.1米。台基北侧铺散水，宽0.5米，用长方形砖纵铺，再立砌牙砖。台明用长52厘米、宽25厘米、厚6厘米的大长方砖压栏。台基上遗留五个柱础，每个柱础间距亦为4.75米，即每间面阔4.75米。每个柱础石大小不等，最大者长75厘米、宽60厘米、厚15厘米，最小的柱础长60厘米、宽55厘米、厚15厘米。仅东侧第一个柱础两侧保留有一层砖墙痕迹，残长5.2米、宽0.5米。第四个柱础与第五个柱础之间铺地袱砖，残长2.8米、宽0.25米，是用长方砖立砌而成。

台基北侧铺散水，宽50厘米，用长方砖纵铺，再立砌牙砖。值得注意的是，在每一间房子中间正对的散水上均用长52厘米、宽25厘米、厚6厘米的大长方砖或方砖铺台阶。

该房基遗址与F6、F7遗址相同，其南遗址全部破坏无存，仅存的北侧地基亦明显向西倾斜，高差约40厘米，其西端向西延伸被M9墓道打破。故推测连同F6、F8两组建筑可能是廊庑的形式，即在金太祖阿骨打陵前享殿两侧原建有回廊，修建金世宗陵时此建筑已被拆毁。

七、陵墙

在遗址西侧发现三处用青石垒砌的陵墙（L1—L3）。L3位于九龙山主峰山坡下，M6西侧38米处，呈东西向。东西残长43.5米、宽2米、残高1.5米，全部用不规则的石块砌成虎皮墙。其用途一方面标志着陵寝范围，另一方面起阻挡山洪的作用。L1、L2位于清代小宝顶西侧，均为东西向的陵墙，而且小宝顶西侧宝城打破了该陵墙。第一道陵墙：由小宝顶西侧向西，全长26.5米、宽1.21米，然后向北延伸至北侧田坎，残长26.5米、

小宝顶西侧的陵墙

宽1米，该墙用自然石块垒砌成虎皮墙，比较规范整齐，残高2.5~3米。第二道陵墙：在第一道陵墙拐角3.5米处，向西又砌一道东西向陵墙，长19.5米、宽1.2米、残高2米。该墙向北拐进，全长23米，到北侧田坎。上述两处向北拐进的陵墙，因为有北侧的田坎而没有继续清理。根据其走向，应与M6的大陵墙相交。笔者推测这两道南北走向的陵墙全长应在42米以上。

八、排水系统

金陵主陵区内的陵寝因建筑在九龙山山脚下缓坡台地上，为了保护陵区不被山洪、雨水冲刷破坏，在修建陵寝时就考虑了排水和防洪问题，即在主陵区金太祖陵（M6）以北的东、西两侧构筑两条大型暗排水沟，将沟谷的雨水和山洪通过数个山谷中的入水口流入暗排水沟中，以确保山陵安全。

1. 东侧排水沟

东侧排水沟位于金太祖陵地宫（M6）东北60米，东西向，用巨大的花岗岩条石平铺错缝垒砌，构思巧妙，至今800余年仍保存完好。排水沟全长120米，先在三个沟谷的底部分别砌三个入水口，并将洪水导入一个主干沟内，依照山形地势由西北向东南流出陵区。入水口紧贴着山壁，高0.6米、宽1.2米，顶部用长170厘米、宽60~80厘米、厚20~40厘米的花岗岩条石封盖。为了阻拦沟谷的洪水，在入水口的西南侧用石块堆砌一条拦洪石坝，将山洪雨水导入主干排水沟内。

东侧暗排水沟出水口

排水沟内的台阶

主干道的排水沟，依山势挖基槽，底部横铺长1.6~1.8米、宽0.4~0.6米、厚0.4米的花岗岩石。两侧错缝立砌沟壁，其上平铺顺缝砌花岗岩长条石封盖。因年代久远，个别地方上的沟盖石条或掉进沟里或被人为移走。沟内空间随山势逐渐加深扩大，山势陡峭的地方每隔一段距离就垒砌一层高40~60厘米的台阶，从上到下共8道台阶。沟内高度亦随山形走势下降而台阶逐渐加高，沟顶最高处约1.6米。发掘时我曾让一个子矮小、胆子大的探工从出水口进去，在弯弯曲曲的沟内，拿着强光手电筒艰难地顺着台阶向上爬，大约30分钟后才从入水口爬出，而且入水口相对低矮，只能屈尊爬着出来。由此可见，海陵王营建皇陵时仅一条排水沟所耗费的人力、物力及财力便是巨大的。

主陵区内的龙须沟

2. 西侧排水沟

西侧排水沟口距石踏道西北约90米，由入水口的小排水沟、明沟及过水暗沟组成，结构与东排水沟基本相同，全长150米，由西北向东南依山势流经石桥向外排出。值得注意的是，在山陵的西南侧还有数条石槽式小的龙须沟，溪水潺潺流过，汇入大排水沟。

九、明代关帝庙遗址

明代关帝庙遗址位于金太祖陵南40米，编号为2001FJLF3，坐北朝南，方向北偏西10°。平面呈"凸"字形，砖石结构。东西长32米、南北宽28米，距地表最深1米。由于遗址上种的

明代关帝庙遗址

果树尚未砍伐，只发掘部分散水。据清人于敏中等编纂的《日
下旧闻考》记载，明天启三年（1623）明政府军不但捣毁山
陵，并在此建"三界伏魔大帝神威远镇天尊关圣帝君"关帝庙
以压倒金太祖陵的"王气"，与史书记载相吻合。

十、清代小宝顶遗址

清代小宝顶是指清初修筑的在金世宗陵地面的一组建筑，
位于金太祖陵（M6）西南侧，由宝城、宝顶、享殿、碑楼等
组成。

所谓宝城，是指在小宝顶外围7米处，平面呈圆形，修筑
砖石混围砌而成的陵墙，南北残长32米、东西长20.5米、残高

清理小宝顶工作照

0.7~0.95米、厚1米。先用鹅卵石垒砌虎皮墙，然后粘贴花岗岩石板。宝城内地势呈缓坡状，北高南低，坡度为10°。

小宝顶位于宝城南侧，距宝城北墙1.2米，宝顶平面呈圆形，直径6.5米、高1.6米，外部用长44厘米、宽23.5厘米、厚10厘米的长方形大砖沿圆周平铺错缝垒砌，内填三合土夯筑。

享殿遗址在宝城内，位于小宝顶南侧10.8米，仅保留地基部分，面阔13.1米、进深7.4米，墙基宽1米。

碑亭位于享殿南5米，碑坏无存，仅保留地基部分，东西面阔10.6米、进深残长10米，亦用大长方砖平铺错缝砌墙基槽，内填土夯实。墙基外砌散水。

按清代于敏中等编著的《日下旧闻考》记载："乾隆十六年（1751）命葺太祖、世宗二陵享殿及缭垣，工竣，亲诣展

谒。……金太祖陵前地基稍宽，应增修享殿一，缭以围墙，立
正门，其原有之祭台、甬路、阶砌等项，并加修治。金世宗陵
前地隘，应增修享殿一，并祭台、围墙、甬路等项，不能立正
门。今就碑亭接连栅栏，立两角门，足符体制，并将自房山北
门至金陵山路二十里一并修治。奏入报闻。"

据村民刘守山口述，20世纪60年代初，清代遗址仍保存
完好，大殿及碑亭全部为红墙黄瓦，碑亭四面设拱券门，外有
砖铺甬路。亭内立有清康熙二年（1663）九月御制碑《金太祖
世宗陵碑》，碑文以满汉文对照上石，可惜1975年平整土地修
梯田时被炸毁，后夷为平地。

十一、清代大宝顶遗址

清代大宝顶遗址位于太祖陵西北侧15米，早期被破坏，仅
留土丘。宝顶直径15米，周边有散乱的三合土和地基砖。上述
两个"宝顶"均偏离金太祖陵及金世宗陵的位置。大宝顶位于
金太祖陵寝西北15米，小宝顶位于金世宗陵稍东北，二者均不
是居中位置，证明金太祖、世宗陵在清代修复时，早已被明朝
官兵夷为平地，其地形、地貌特征早已改变，故修复二陵时也
很难找到准确位置了。

第六章
墓葬发掘

第一节　帝陵及墓主人考

按照金朝礼制，皇帝或有庙号的墓葬称"陵"，完颜氏家族的王爵葬称"墓"。史料记载了金朝立国前十帝、建国后九帝，根据考古勘探和清理，大房山主陵区内埋葬了金代七位帝王陵寝，其中，金显宗裕陵和金章宗道陵的葬所，仍在调查之中。

一、金太祖阿骨打睿陵（编号2001FJLM6）

20世纪80年代中期，在九龙山下缓坡台地上，原清代大宝顶东南15米处发现"祭祀坑"。该坑东西长13米、南北宽9米左右，当时推测是金太祖陵前祭祀坑，并向下发掘2米左右。由于长年雨水浸灌，坑内又种植10余棵果树，其东北隅石壁开始向内坍塌。为配合当地农田水利基本建设，2002年报请国家文物局批准抢救性发掘。

据《金虏图经·山陵》"……至筑陵之地，亮寻毁其寺，遂迁祖宗、父、叔，改葬于寺基之上，又将正殿元位处佛像凿穴，以奉安太祖旻、太宗晟、父德宗幹"的记载推断，此"祭祀坑"应是九龙山下的云峰寺，当年海陵王拆毁云峰寺及正殿元位佛像"凿穴为陵"安葬金太祖阿骨打之陵。20世纪80年代中期考古队调查时，在金太祖阿骨打睿陵地宫所在处发现有享殿建筑遗址，面阔三间，四周发现有台基条石，地面整齐有序排列着4行16个方形柱础石等建筑构件。

金太祖（1068—1123），汉名旻，原名阿骨打，生于辽咸雍四年（1068）。世祖劾里钵的第二子，其母为翼简皇后拏懒氏。阿骨打年轻时即表现出卓越的才能。世祖临终时对穆宗说，"惟此子足了契丹事"，对他寄予厚望。在穆宗统一生女真诸部的战争中，阿骨打屡担重任，多献良策，为生女真部的统一做出杰出贡献。

阿骨打自幼聪明过人，力大无比，精于弓矢。劾里钵攻伐卜灰部时，阿骨打因为完颜习不失在军中，要求随从前往。劾里钵没允许，但对他心生好奇。乌春死后，窝谋罕请求议和，旋即反悔来攻，包围了窝谋罕城（今吉林省敦化额穆镇东南）。阿骨打当年23岁，身披短甲，不戴头盔，马不挂甲，围着城跑向诸军发号施令。城中的百姓都认识他，壮士太裕乘着骏马手拿枪出了城直冲阿骨打刺来。阿骨打来不及防备，他的舅父活腊胡骑马奔来加入二人中间，袭击太裕，此时太裕枪折，又被刺中坐骑，仅得免死。阿骨打随父兄出征作战，不但勇猛顽强、身先士卒，而且见解超群、多谋善断，在与女真部落之间的斗争中，已成为一员骁将。辽乾统五年（1105）十月，袭位为都勃极烈；翌年六月，袭节度使。辽天庆二年（1112）春，天祚帝耶律延禧到长春州（今吉林省白城市洮北程四家子）春捺钵（契丹语，"行宫"的意思），接见附近各族头领，举办盛大的头鱼宴会。在头鱼宴上命各部首领依次歌舞。作为女真族首领的阿骨打，在辽天祚帝混同江"头鱼宴"上，"执意不从"，意气雄豪。辽帝强令之再三，阿骨打依旧凛然相拒。天祚帝已觉察到阿骨打有反辽之意，便忌恨在心，对枢密使萧奉先说："阿骨打意气雄豪，不同寻常，应借故杀了他，否则必留后患！"萧奉先回答说："阿骨打鄙陋粗俗，不知礼仪，就这样把他杀了，恐怕不妥，等以后找个借口杀他也不迟啊。"阿骨打回到完颜部后，遂积极进行抗辽准备。辽天庆四年（1114）九月，阿骨打进军宁江州，经寥晦城（今黑龙江省哈尔滨市双城区前对面古城）与各路女真兵2500人集结于涞流水畔誓师伐辽，随后进军宁江州（今吉林省扶余市东石头城子），次日刚到辽界，便与辽将耶律谢石率领的渤海军相遇。阿骨打射死耶律谢石，辽兵溃败，损失惨重。女真族首战告捷，士气倍增。十月，女真军乘胜攻克了契丹东北的门户宁江州城之后，女真军乘胜追击，矛头指向辽的另一个军事重镇——出河店（今黑龙江省肇源县西）。在出河店，辽军有10万精兵驻守，而当时女真军才3700多人。十一月，阿骨打亲率女真军奔袭出河店，主力未及混同江，天色已晚。士兵闻辽兵有10万之众，加之天寒地冻，心生畏惧。见此，阿骨打决定扎营。但刚躺下不久，便把3700人马召集到帐前，用女真人特别信奉的萨满教的梦卜之说，对大家讲："我刚躺下，就有人摇我的头，如此一连三次。于是我受到神的暗示，今晚连夜出兵必获全胜，如若拖延，必有灭顶之灾！"于是群情振奋，人人请战，阿骨打命兵士燃起火把，快速前进，天放亮，赶到鸭子河边。此刻敌人还在睡梦里，阿骨打率军勇涉结冰的鸭子河，与措手不及的辽军大战于出河店。时大风忽起，尘埃蔽天，刚刚醒来的辽军看不清女真兵有多少。阿骨打采取分进合击、以旗为号的战术迷惑敌人，乘势而上，缴获了大批军械物资，大破辽军，取得了出河店之战的辉煌胜利。同年，女真军连续攻下宾州、咸州、护步达岗，大败辽军，取得了决定性的胜利。阿骨打之弟吴乞买和撒改、完颜习不失等拥戴阿骨打建国。天庆五年（1115）元旦，阿骨打即皇帝位，国号大金，建元收国，以会宁府（今黑龙江省阿城市）为国都。阿骨打成为继女真十祖遗业而创建大金的开国皇帝。建国后，阿骨打继续攻打辽军，终于将辽灭亡。阿骨打一生以其雄才大略完成了建国、灭辽两件大事。虽然阿骨打在位仅8年，但他在位期间，在国内定制度、立刑法政令、创女真文字、加强皇权统治，为金国的发展奠定了坚实基础。

金天辅七年（1123）八月，阿骨打在返回会宁府途中病逝于部堵泺的西行宫（今吉林省松原市境内），年56岁，在位8年，庙号太祖。同年九月，葬上京宫城西南（今黑龙江省阿城市上京会宁府遗址西垣500米），陵上建宁神殿。天会十三年（1135），金太宗薨逝后，金熙宗将太祖陵迁至距上京东南50公里处的胡凯山与太宗合葬，号和陵。皇统四年（1144）改和陵为睿陵。海陵王完颜亮贞元元年（1153）迁都燕京，贞元三年（1155）营建大房山金陵。同年五月奉迁太祖、太宗梓宫，十一月改葬大房山，太祖陵仍号睿陵，钦宪皇后纥石烈氏祔葬。

金太祖阿骨打的皇后，据《金史·后妃传》记载有四位。

（1）圣穆皇后唐括氏，约在辽大安二年（1086）嫁与阿骨打，婚后生子宗峻（金熙宗之父）、丰王乌烈和赵王宗杰，阿骨打称帝前，唐括氏死。金天会十三年（1135）追谥太祖元妃为"圣穆皇后"。嫡长子完颜宗峻随父阿骨打伐辽，多有战功，死于军中。嫡长孙合剌即完颜亶，天会十三年继帝位，为大金国第三代皇帝金熙宗。

（2）光懿皇后裴满氏，婆多吐水（今黑龙江省蚩克图河）人。裴满氏生子辽王宗幹（海陵王之父），天会十三年（1135）追谥"光懿皇后"。

（3）钦宪皇后纥石烈氏，生子宗王宗望（斡离不）、陈王宗隽（讹鲁观）。纥石烈氏是金太祖起兵伐辽时的贤内助，当时虽为阿骨打妾，但身份地位可比皇后。阿骨打征战在外，她在后方同吴乞买主掌国政。阿骨打去世，金太宗尊重皇嫂，准其仍居庆元宫。天会十三年尊为太皇太后，宫号庆元。天会十四年（1136）正月丁丑，卒于庆元宫，谥钦宪皇后。二月癸卯祔葬睿陵。

（4）宣献皇后仆散氏，睿宗完颜宗尧之母，世宗完颜雍之祖母。辽大安十一年（1095），阿骨打纳仆散氏为妾，翌年生子完颜宗尧（睿宗），又生豳王讹鲁朵。金天会十三年（1135），金太宗追封其为德妃。金正隆六年（1161），完颜宗尧的儿子完颜雍在东京称帝，是金代执政时间最长、颇有作为的一代治世名君，世人称其为"小尧舜"。而后，其子孙一直掌握着金朝皇帝位。世宗追谥她为宣献皇后。

阿骨打睿陵编号2001FJLM6，地宫形制为石圹竖穴，平面为长方形，四壁为岩石凿穴而成，方向356°。地宫口大底小，坑壁向外略有缓坡。坑口东西长13米、南北宽9~9.5米、深3.6~5.2米。坑底较平，坑口北部偏高、南部偏低，呈缓坡状，南北落差1.3米。

清理时发现，石坑内以填巨石为主，并填土夯实。坑的东北角发现一个直径2米的大盗洞，盗坑内填土中出土大量残损

阿骨打地宫上的大殿遗址（摄于1986年）

的石踏道栏板及明清建筑构件等遗物。由于地宫底部有巨石阻挡，使盗洞无法向西延伸。

从发掘现场看，M6地宫中的石雕云龙纹石椁集中堆积在石椁底部位置。据记载，明天启年间石椁被砸毁后，石块碎片散乱地扔在墓室中。而清入关后自顺治至乾隆年间曾两次对金太祖陵、世宗陵进行修葺。估计修葺太祖陵时，将其散落在墓底的石椁碎片进行归拢，然后填土夯实。回填土时先在墓底铺一层朱砂，再回填黄土夯筑，每层夯土厚20厘米，夯筑至2.5米时，两具素面石椁上面的夯土夯至椁顶板以上0.2~0.3米，然后在上面平铺巨型石块，最接近石椁盖的上面摆放较有规律的巨石，南北向成排，排列有序。由此向上均交错平铺码放，至墓口大约4层，每层石块之间也用素黄土夯实，龙椁和凤椁顶

M6地宫内铺四层巨型石块

部没有直接码放石头，所以夯土较厚。凤椁夯土至椁顶板以上0.6米左右。据统计共回填270块巨石，每块巨石1吨多重，依次码放四层，石质大多为花岗岩石和巨型鹅卵石。清理时发现编号30的青石上用朱砂写有行书体"定州口像"三字；编号78的青石，大字行书"定州"二字；编号120的青石，正面书写"定"字、侧面行书"张家"二字。这些字迹可能是从河北定州曲阳一带掳来的石匠或民夫参与营建皇陵时留下的笔迹。值得注意的是，阿骨打石椁底部正中放置一块竖立的巨石，与其他放置的巨石截然不同。因清初用巨石回填地宫，增加了它的防盗作用，故只有其东北角发现一个盗洞。该盗洞底部向西拐约1米又被巨石挡住，盗墓未能成功。

地宫内瘗葬4具石椁，依发现先后次序编号：M6-1、M6-2、M6-3、M6-4。

M6地宫内四具石椁

M6-1、 M6-2两具青石素面石椁，南北向放置于地宫西侧。

M6-3、M6-4分别为汉白玉雕凤纹及龙纹石椁，东西向放置于地宫中部偏北。

M6-1石椁由六块青石板组合而成，

通高1.4米、长2.63米、底宽1.6米，椁盖长2.6米、宽1.4米、厚0.14米。

椁内置木棺一具，长2米、宽0.9米，棺外两边各装饰两个八角形铜环铺首。棺内遗有骨灰。随葬品仅2件玉雕海东青和梅花饰件。

关于火葬的起源很早，在新石器时代的临洮寺洼山遗址，内蒙古大南沟墓地、河北省阳原县姜家梁墓地就已经有火葬的发现。早期女真人的葬俗为土葬。女真人原始的火葬可能是为给死者焚烧殉葬和祭祀的物品，并非直接焚烧墓主人尸体。女真人火葬习俗可能和女真原始信仰萨满教有关，同时受契丹族火葬和佛教思想的影响。从目前发现的金代墓葬材料看，汉人、女真人、契丹人之间的葬俗文化交流影响较为明显，女真人从原始无葬具、不完全火葬的形式向葬具和墓葬形制的多样化改变。具有辽代契丹人特色的瓷器在金代墓葬中较为多见，其墓葬形制及葬俗在之后也被较多采用。或许因为金代的统治者为少数民族，对火葬并不排斥，也就从侧面增加了火葬的自由程度。

火葬与土葬一样，也是一种古老的葬俗。很多民族在原始社会的末期阶段都出现过火葬。这也是出于原始的灵魂信仰，认为火葬可以使灵魂随烟飘进神圣世界，可以保佑家族平安或做事顺利成功。女真人火葬习俗是受契丹族火葬和佛教思想的影响，是效仿佛祖释迦牟尼火葬之习俗，佛教的影响是辽金时期火葬盛行的主要原因。

女真人虽然盛行火葬，但依然保持传统的土葬习俗。M6-1

即将尸体火化，然后把骨灰及随葬品入殓木棺内，再将木棺装入石椁内，瘗葬在阿骨打地宫内，所以又是传统的土葬习俗。

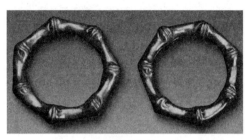

竹节状金环饰

M6-2石椁紧邻M6-1，两者相距0.5米，形制与前者相同，也由6块青石板拼合而成。内置木棺已坍塌，长2米、宽0.8米，木棺内西南角遗有人头骨和残缺的下颌骨，棺北侧发现有肋骨。在头骨北侧发现两件直径4厘米的竹节状金环。

M6-3墓主人钦宪皇后瘗葬，为汉白玉雕凤纹石椁，平面长方形，东西向，通长2.48米、高1.52米、宽1.2米。该石椁由椁盖、椁身两部分组成，均为整石雕凿而成。椁盖为长方形盝顶式，中间刻双凤纹，四角雕刻卷云纹，盝顶四坡刻云纹，雕刻精美，手法细腻。然后在椁盖外壁镀金粉，出土时金光灿灿，极其华丽，仅个别处斑驳脱落。椁身长2.48米、宽1.2米、高1.06米。内壁高0.92米，厚7~8厘米。椁外四周均以松香匝敷，厚10~15厘米。上部致密坚硬，下半部松香内填塞大小不等的碎石块，略显松散。松香的坚固耐腐加之石块填充起到了防腐防盗作用。

揭开外面敷着的松香后，石椁外壁上满是金粉，非常漂亮。椁内壁均有墨线勾绘团凤纹饰，然后阴线刻并描金粉，部分纹饰尚能看见金线的痕迹。椁壁四框雕刻缠枝忍冬纹圈边；

M6-3雕刻凤纹石椁
（东壁凤纹拓片）

双凤纹椁板拓片

出土漆木棺

出土漆木棺细部情况

东、西两端的挡板正中雕刻团凤纹和卷云纹，南、北两壁皆雕刻双凤纹及卷云纹。石椁周边雕刻手法均采用"剔地起突"并描金线。石椁内放置木棺一具，平面长方形，长2.1米、宽0.75~0.78米、高0.68米。木棺偏放于东南，石椁内有积水痕迹，据此猜测可能由于椁壁渗水过多，使椁室内木棺漂浮而偏

金丝花株冠

白玉双凤鸟纹饰件

于一侧。木棺外髹红漆，漆外饰银片鎏金錾刻凤鸟纹。其中南北两侧的银饰件上对称铆两个铁质棺环。棺内出土头骨及散乱的肢骨，在头骨处发现了金丝凤冠、雕凤鸟纹玉饰件，以及金丝花饰。按，战国时期在个别墓葬中已出现铁棺钉，但直到西汉时期，讲究的木棺仍不用铁棺钉。据《释名·释丧制》："古者棺不钉也。旁际曰小要，其要约小也。又谓之衽。衽，任也。"南朝梁江淹《江文通集》卷三《铜剑赞·序》曰："又往古之事，棺皆不用钉，悉用细腰。……状如木枰，两头大而中央小。""细腰"即棺板之间合缝的套榫，就是上文所谓"小要"。《续汉书·礼仪志》记载，东汉时皇帝之棺要"下钉衽"，将棺钉与细腰并用。安徽省天长县西汉晚期至东汉早期墓中之棺，木棺盖和棺体扣合处，凹凸的槽口增为三道，且在棺盖与棺体接缝处揆入"细腰"。[①]金陵M6-3出土的红漆木棺遵循汉代木棺制法，棺盖与棺体扣合处有槽口，而且棺盖与棺体接缝

---

① 安徽省文物工作队：《安徽天安县汉墓的发掘》，《考古》1979年第4期。

处揳入"细腰"，棺底用铁钉加固。

由此可见，明朝政府军队虽然大肆破坏金陵，但说毁龙脉就只毁龙脉，不殃及其他，也算讲究武德。皇后因此得以保全尊严。

M6-4（墓主人完颜阿骨打）位于M6-3稍南，汉白玉雕龙纹石椁，残留底部及部分椁盖和东椁板。椁盖为长方形盝顶式，残长1.1米、宽1.55米、厚0.6米，外部剔刻团龙纹，盝顶坡面剔刻缠枝花纹。东椁板高1.22米、宽1.52米、厚0.22米，椁板外壁敷松香，并

龙椁东壁团龙纹拓片

有火烧痕迹。椁壁正面剔刻团龙纹，描金，其内壁有墨线朱红地彩画，惜已模糊难辨。其余三面椁板已无存，石椁底部残留墨地朱纹金线勾双龙戏珠纹，而后铺朱砂。椁内木棺已毁，残留木棺痕迹长2.1米、宽1米。未见任何随葬品，仅仅在石椁上层东南角填土内发现被扰乱的残头骨1具。

这两具雕龙、雕凤纹的石椁是皇室专用的墓葬用具，在国内属首次发现。M6-4的汉白玉雕龙纹石椁应该就是太祖阿骨打的厝身所，可惜只残留底部，且石椁碎片集中堆积在石椁底部位置。发掘资料显示，明天启年间"拆毁山陵，劚断地脉"，

导致太祖陵地宫遭到毁灭性破坏，而后石椁碎片被散乱地扔在了墓室中。到了清代，自顺治至乾隆年间两次对太祖、太宗陵进行修缮。清初还在睿陵上建封土宝顶，其南建有享殿祭祀遗址等。据20世纪80年代调查金陵时当地百姓反映，60年代时还可见建在封土和享殿外的围墙。在围墙以南尚有碑亭，立有清世祖御制的《金太祖世宗陵碑》，已剥蚀不清。

《金史》中记载，皇后所用的帽子称为"花株冠"，是金代皇后的一种礼仪冠服。

皇后冠服，花株冠，用盛子一，青罗表、青绢衬金红罗托里，用九龙、四凤，前面大龙衔穗球一朵，前后有花株各十有二，及鸂鶒、孔雀、云鹤、王母先人队、浮动插瓣等，后有纳言，上有金蝉鑻金两博鬓，以上并用铺翠滴粉镂金装珍珠结制，下有金圈口，上有七宝钿窠，后有金钿窠二，穿红罗铺金款幔带一。①

M6-3这具汉白玉雕凤纹石椁应该是钦宪皇后纥石烈氏的葬所。有学者考证，该墓出土的"金丝凤冠"和"雕凤鸟纹玉饰件"，就是《金史》中记载的皇后所用的"花株冠"及作为

① 《金史》卷四十三《舆服志 中》，第978页。

身份标识的冠后佩饰——"纳言"。①《金史》卷四十三《舆服志 中》记载："皇后冠服，花株冠，用盛子一。"此墓的帽盛子为纯金丝编织而成，呈半球状。因棺内腐朽严重，金丝编帽盛子的内衬丝织物品和盛子外附织物及更多的有机质饰品已朽毁，头部金丝编的帽盛子两侧堆积中，有二十粒掐丝金花饰保存完好，估计是花株冠上的饰件。"金丝凤冠"只是皇后冠饰上的一部分，应该是作为整个皇后冠饰中起支撑定型作用的"骨架部分"，或可以称作用金丝编织的"帽盛子衬里"，或外面用来缝制丝织品以呈冠状。而"凤鸟纹玉饰件"出土时就在墓主人面部两侧，显然是这件皇后冠上的重要佩饰，原本连缀于冠上的。并且，"凤鸟纹玉饰件"雕刻手法属于透雕，造型上与宋金时期流行的一种"练鹊"纹饰十分相近。

完整的花株冠及穿戴形式可参考1988年黑龙江省阿城市金齐王完颜晏墓出土的一顶完整的花株冠。阿城花株冠以铁丝编织"盛子"，皂罗衬里，冠外用三层垂莲瓣纹装饰，莲瓣轮廓用珍珠钉饰，莲瓣内再用绦带盘钉成簇簇菊花，有枝有叶，填满空间，如金代流行的折枝花卉。花株冠工艺精绝，冠后有透雕的白玉练鹊"纳言"，两侧垂钉金钿窠，为冠戴时左右盘穿之"款幔带"，为固定冠和作垂饰。花冠戴妥后再用3.5厘米的

---

① 司志文：《金陵凤棺出土饰品及纺织品整理》，见《北京金代皇陵》附录十一，文物出版社2006年版，第245页。伊葆力、郭聪：《金代皇后"花株冠"与"纳言"》，《北京文博》2003年第4期。

印有蝴蝶的抹额环系于冠后，这也是金代受中原文化影响、效仿中原妇女流行佩戴抹额的一个佐证。

实际上这种花株冠规制，在宋朝就有了。《宋史》卷一五一《舆服志 三·后妃之服》条下云："花钗冠，皆施两博鬓，宝钿饰。翟衣，青罗绣为翟，编次于衣及裳。第一品，花钗九株，宝钿准花数，翟九等；第二品，花钗八株，翟八等；第三品，花钗七株，翟七等；第四品，花钗六株，翟六等；第五品，花钗五株，翟五等。"可知，花株冠，宋代称"花钗冠"。皇后、妃子、王妃、命妇都可以戴，只是冠的细部与佩饰有详细区别。花冠上花株之数有五等的区别，以示身份。

关于纳言之饰，最早始于汉代，唐宋因之。《后汉书·服》载："巾，合后施收，尚书巾帻，收方三寸，名曰纳言，示以忠正，显近职也。"

在花株冠上佩戴的玉饰件称作"纳言"。纳言本是职官之名，始见于《书·尧典》，职责是"宣达帝命"。用"纳言"为佩饰，并且缀于冠顶之后，则是统治者标榜其广纳群言、广征贤论之意。文献记载，"纳言"之饰不仅后妃独有，"进贤冠以漆布为之，上缕纸为额花，金涂银铜饰，后有纳言"[1]，可见，这种纳言也缀于王公和朝官的"峨冠"之上。纳言的造型和质地，随着朝代的不同也有所变化。"纳言，元用玉制，今用青

---

① 《宋史》卷一五二《舆服志 四》，第3558页。

罗，采画出龙鳞锦。"①根据太祖陵出土的这件白玉透雕练鹊纹纳言实物，参照以往的出土发现，推测纳言在质地上应该有玉、金、银、犀骨、绢等数种；在造型上大概分为练鹊、天鹅、云鹤、海东青等鸟类纹饰数种。练鹊是古代对白色喜鹊的一种叫法，以其作为纳言造型，取平和、祥瑞之征。②

二、金太宗吴乞买恭陵（编号2002FJLM7）

金太宗，汉名晟，原名吴乞买，世祖劾里钵第四子，母曰翼简皇后拏懒氏，太祖同母弟，生于辽大康元年（1075）。初为穆宗养子，太祖阿骨打收国元年（1115）七月，奉吴乞买为"谙班勃极烈"。太祖阿骨打伐辽亲征，委托吴乞买常任留守，主持国内政事。阿骨打每次下诏，以谙班勃极烈吴乞买为贰国政。吴乞买也确实把国家治理得井井有条，为太祖伐辽免除了后顾之忧。天辅五年（1121），阿骨打曾赐其诏曰："汝惟朕之母弟，义均一体，是用汝贰我国政。凡军事违者，阅实其罪，从宜处之。其余事无大小，一依本朝旧制。"天辅七年（1123）七月，太祖薨于部堵泺西行宫。弥留之际，太祖急诏留守于京城的吴乞买，他俩相见于浑河北。太祖安排完后事，随即去

---

① 《宋史》卷一五一《舆服志三》，第3524页。

② 伊葆力、郭聪：《金代皇后的"花株冠"与"纳言"》，《北京文博》2003年第4期。

世。九月，国论勃极烈完颜杲、郯王完颜昂、宗峻、宗幹率宗亲百官进劝，吴乞买被拥立为帝。他在金太祖墓前宣誓即位，改天辅七年为天会元年，是为金太宗。天会三年（1125）二月，金太宗派遣军队袭击并擒获辽天祚帝，降封其为王，辽朝统治正式结束。天会四年（1126，北宋靖康元年）闰十一月，攻克宋都汴京，擒获徽、钦二帝。天会五年（1127）二月丙寅，诏降宋二帝为庶人，并将两名废帝与他们的随从一起北迁，北宋灭亡。太宗在位期间，吸收汉族文化，创建各种典章制度，继太祖之后，终于完成了大金立国大业，奠定了大金百余年统治的军事政治基础。

天会十三年（1135）正月己巳，太宗薨于明德宫，享年61岁，在位12年。当月，熙宗即位。上尊谥曰文烈皇帝，庙号太宗。乙酉，葬于上京胡凯山和陵。皇统四年（1144），改陵号为恭陵。五年（1145）尊其谥号为体元应运世德昭功哲惠仁圣文烈皇帝。

完颜亮贞元三年（1155）三月命以大房山云峰寺为山陵，建行宫其麓。五月，乙卯，命判大宗正事京等如上京，奉迁太祖、太宗梓宫。贞元三年十一月戊申，改葬于大房山，仍号恭陵。

天会十三年（1135）熙宗即位，太宗钦仁皇后唐括氏与太祖钦宪皇后俱被尊为太皇太后。皇统三年（1143）钦仁皇后逝于明德宫，葬胡凯山"祔葬恭陵"。贞元三年（1155）十一月，随太宗迁葬大房山，合葬恭陵。

考古资料显示，金太宗吴乞买恭陵（编号为2002FJLM7）位于太祖睿陵东侧1.5米九龙山主峰下，方向170°。钻探发现，墓室为四壁石圹凿穴而成，东西长9.5米、南北宽9米，坑内用纯黄土回填夯实，夯层厚18—20厘米，夯窝直径6—8厘米，每层夯土之间夹杂着碎石块。其南部发现一个扰乱坑，直径约4米，口大底小。盗洞内出土长1.3米、宽0.9米、高0.7米的石龟趺和石龟趺残件，以及"皇帝""陵"等字样的石碑残块。在清理盗洞时接近底部时露出了石椁。为了探其究竟，将地宫内所有夯土清理至石椁层面后，我们发现M7地宫内瘗葬6具石椁，即在石椁东侧安葬两具东西向的汉白玉雕龙纹石椁和雕凤纹石椁，而且龙椁的椁盖被砸碎数块，而椁身四壁完整无损；凤椁完好无缺。其他四具石椁为南北向安葬，即在龙凤椁后面，靠北侧并排放置两具、靠南侧并排放置两具。值得注意

金陵M7出土残石碑"皇帝"字拓片

的是，在龙凤椁与后面的石椁之间用厚20厘米的柏木板隔开，即在地宫内用厚木板打一个南北向的隔断；而后面的4具石椁之间也都以木板相隔，使每个石椁成独立的单元。由于未得到国家文物局批准，我们只画了一张示意图，而将其回填。

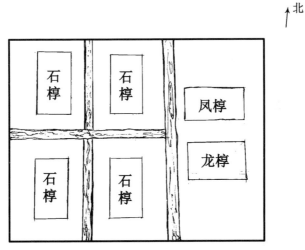

金太宗吴乞买恭陵（M7）示意图

据《金虏图经·山陵》"至筑陵之处，亮寻毁其寺，遂迁祖宗、父、叔改葬于寺基之上，又将正殿元位佛像处凿穴，以奉安太祖旻、太宗晟、父德宗宗幹"的记载推断，海陵王完颜亮于贞元三年（1155）奉迁太祖陵，将其父德宗宗幹和叔父太宗吴乞买的梓宫一起迁移至大房山，同时安葬在九龙山云峰寺基之上。故在金太祖阿骨打陵东侧发现的凿地为穴的地宫（M7）应是太宗吴乞买和钦仁皇后合葬的恭陵，与文献记载相符。

三、金德宗完颜宗幹顺陵（编号2002FJLM8）

据《金史·宗幹列传》记载："宗幹本名幹本，太祖庶长子，母光懿皇后裴满氏。"完颜宗幹是大金国的开国元勋，在太祖诸子中，宗幹颇具才干，既能征善战又是辅国重臣，一生对金朝忠心耿耿，曾辅佐太祖、太宗、熙宗三朝。太宗即位，宗幹为国论勃极烈，与斜也同辅政。天会三年（1125），获辽主于应州西余睹谷。"始议礼制度，正官名，定服色，兴庠序，设选举，治历明时，皆自宗幹启之。"天会十年（1132），熙宗为谙班勃极烈，宗幹为国论左勃极烈。熙宗即立，拜宗幹为太傅，与宗翰等并领三省事。天眷二年（1139），宗幹进太师，封梁宋国王，入朝不拜，策杖上殿，仍以杖赐之。宗幹有足疾，诏设座奏事。皇统元年（1141），赐宗幹辇舆上殿，制诏不名。

上幸燕京，宗幹从。有疾，上亲临问。自燕京还，至野狐岭，宗幹疾亟不行，上亲临问，语及军国事，上悲泣不已。明日，上及后同往视，后亲与宗幹馈食，至暮而还。因赦罪囚，与宗幹禳疾。居数日，薨。上哭之恸，辍朝七日。大臣死辍朝，自宗幹始。上致祭，是日庚戌，太史奏戌亥不宜哭，上不听曰："朕幼冲时，太师有保傅之力，安得不哭。"哭之恸。上生日不举乐。上还上京，幸其第视殡事。及丧至上京，上临哭之。及葬，临视之。①

　　皇统元年春，宗幹随熙宗前往燕京，五月己酉，卒于北归途中。其间熙宗及皇后亲自探视病情，皇后亲自给宗幹喂食。在返还上京途中，宗幹病情加重，临终时熙宗前往问候，宗幹尚"语及军国事"，令熙宗悲泣不已。宗幹死后葬于上京会宁府，熙宗亲自参加了宗幹的葬礼，恸哭，辍朝七天。凡朝中大臣死辍朝，自宗幹开始。

　　宗幹之子完颜亮篡位后，追谥父宗幹宪古弘道文昭武烈章孝睿明皇帝，庙号德宗，以故第为兴圣宫。

　　金世宗大定二年（1162）完颜亮被降为海陵郡王，其父宗幹被"除去庙号，改谥明肃皇帝"。大定二十年（1180），完颜亮又被降为海陵庶人。大定二十二年（1182），完颜宗幹被"追削明肃帝号，封为皇伯、太师、辽王，谥忠烈，妻子诸孙皆从降"。明昌四年（1193），配享太祖庙廷。

　　贞元元年（1153），完颜亮迁都燕京，改辽南京为金中都，在这里建太庙，奉迁祖宗神位于新都，在中都太庙衍庆宫中奉安太祖、太宗及其父德宗。贞元三年（1155）九月，迁太祖、太宗、德宗梓宫至中都，将德宗葬于太祖陵之侧。同时，完颜亮追谥其母慈宪皇后，亲行册礼，与德宗合葬于大房山，升祔太庙。在中都大房山山麓九龙山下云峰寺"凿穴为陵"，将其

────────────

① 《金史》卷七十六《宗幹列传》，第1741—1744页。

第六章　墓葬发掘

父德宗与太祖、太宗同时葬于云峰寺寺基之上。

考古资料表明，在太祖陵（M6）西侧1.5米处，发现一座东西长9米、南北宽5米的石圹竖穴墓，只暴露了墓口，未向下发掘，其深度不详。墓室内填土夯实，顶部西南角残留东西长1.16米、宽0.46米的铺地砖，用长47.5厘米、宽23厘米、厚9厘的大长方形沟纹砖两顺一丁铺砌。墓室未见盗扰痕迹。此墓应是完颜亮之父——德宗完颜宗幹的顺陵，编号2002FJLM8。完颜亮篡位，追谥其为宪古弘道文昭武烈章孝睿明皇帝，庙号德宗。贞元三年（1155）十一月，以帝礼迁葬于大房山太祖陵区。世宗即位，大定二年（1162）除德宗庙号，改谥明肃皇帝。①

据《大金集礼》卷四《追加谥号 下》记载：大定二十二年（1182）世宗采纳了太子允恭的建议，追削宗幹帝号，最终根据尚书省的拟奏意见削去宗幹的"明肃"帝号，改封为皇伯、太师、辽王。"衍庆宫"是金代太庙的名称，所谓"据衍庆宫旧容改画服色"，乃是宗幹削去帝号后，把他在太庙的遗像由皇帝服饰改画为王爵服饰，而且还被迁出顺陵，改名为墓。②据此可知，当时德宗陵为顺陵。根据《大金集礼》的记载，大房山金陵所葬者只有皇帝或有帝号的才称"陵"，其他

① 《金史》卷七十六《宗幹列传》，第1743页。

② 杨亦武：《房山历史文物研究·大房山金陵考》，奥林匹克出版社1999年版，第110页。

完颜氏家族王爵所葬者只能称"墓"。完颜宗幹被迁出九龙山太祖陵区的顺陵，并未记载迁往何处，但是，他被削去帝号后，以王爵的身份，可能迁往鹿门谷诸王兆域。

海陵母大氏，天德二年（1150）正月被尊为皇太后，居永寿宫。贞元元年（1153）四月戊寅，崩。贞元三年（1155）十一月，与德宗宗幹合葬于大房山，升祔太庙。宗幹追削帝号后，降为辽王妃。宗幹迁出顺陵后，慈宪皇后也应随宗幹迁往鹿门谷诸王兆域。

德宗顺陵虽然葬在太祖陵西侧，但是由于海陵王废为庶人后，其父德宗也随之削去帝号而迁出顺陵，那么M8应该是一座空墓。但是，1986年在德宗宗幹顺陵前4米左右发现一通"睿宗文武简肃皇帝之陵"的汉白玉石碑。可能"二次葬"使2002FJLM8的墓主人为睿宗景陵？待考古发掘证实。

四、金睿宗完颜宗尧景陵

睿宗立德显仁启圣广运文武简肃皇帝讳宗尧，初讳宗辅，本讳讹里朵，大定上尊谥，追上今讳。魁伟尊严，人望而畏之。性宽恕，好施惠，尚诚实。太祖征伐四方，诸子皆总戎旅，帝常在帷幄。[1]

---

① 《金史》卷十九《世纪补·睿宗》，第408页。

《大金国志》记载，宗尧为武元（太祖阿骨打）第五子，江南呼为"三太子"，其母为宣献皇后仆散氏。宗尧于太宗朝封晋王。熙宗即位，封冀国王。

天会年间，宗尧驻兵燕京与宗翰分掌兵权，先后攻打了宋朝的诸多州县。天会十三年（1135），行次妫州薨，终年40岁，葬于上京胡凯山，陪葬太祖睿陵，追封潞王，谥襄穆。皇统六年（1146），进冀国王。正隆二年（1157），追赠太师上柱国，改封许王。世宗即位，追上尊谥立德显仁启圣广运文武简肃皇帝，庙号睿宗。

大定二年（1162），世宗在九龙山太祖陵东南侧为其父营建山陵，以太保都元帅完颜昂为敕葬使，于上京奉迁睿宗梓宫于大房山，九月辛酉到达大房山陵，奉安梓宫于山陵行宫磐宁宫中。十月戊辰，世宗亲往山陵，于磐宁宫拜谒睿宗梓宫。戊子，葬睿宗于九龙山，号景陵。睿宗钦慈皇后蒲察氏为睿宗原配，天会十三年（1135）封潞王妃，葬上京。世宗即位，追谥钦慈皇后。大定二年九月，与睿宗同迁大房山葬景陵。

按照昭穆制度，景陵位置应在金世宗兴陵以东。国家地震局地球物理研究所用三维电阻率法在太祖陵东南侧50米的第四台地上进行探测，一处东西长7~22米、南北宽7~13米、深4~6.5米的区域内，观察数据异常，故推测此处可能是一个由大型花岗岩石与夯土覆盖的石椁墓坑。这处遗迹应该是睿宗的景陵位置，因没有发掘，尚不能确定。可是1986年5月，景陵碑却在太祖睿陵西侧约10米处出土。碑通高2.1米、宽0.86米、厚0.25米。碑阳双勾阴刻楷书"睿宗文武简肃皇帝之陵"十个大字，字口内填朱砂，镀金粉。碑首四龙吐须，龙爪托火焰珠，龙形壮硕，极富张力。

景陵碑出土位置的北侧4米，原是德宗完颜宗幹顺陵的地宫（M8）。而按昭穆制度，睿宗景陵应该在太祖陵东南侧50余米。考虑到明天启年间明政府捣毁金陵时，不可能将如此巨大的石碑在山坡上专门搬运近百米之远，那么很有可能在金世宗即位后，因海陵王被废为庶人后削其父完颜宗幹德宗的庙号，宗幹被迁出顺陵。大定二年，奉迁其父睿宗梓宫于磐宁宫，十月再葬时，将睿宗葬在原德宗的陵寝中，并在陵前立碑，也符合昭穆制度。但是从时间上推演似乎也有矛盾。金世宗葬父睿宗于大房山的时间是在大定二年，而将德宗完颜宗幹迁出顺陵的时间是在大定二十二年（1182），两者相隔20年之久。从时间顺序上来看，将睿宗葬在原来顺陵的位置的情况不可能出现。①而有学者认为，世宗初年，天下粗安，难以动用大量物力营造豪华陵墓，大定二年在太祖睿陵西侧营造的景陵，可能规制狭小，十年以后国势中兴，同时削去宗幹的帝号降封辽王，迁出顺陵，改葬睿宗于此，称为"景陵"，重新立了现在发现的这通墓碑（指睿宗碑）。而把原来的景陵扩大规模，改造成为自己的陵墓（兴陵），并重新规划陵园……大定二十九

① 丁利娜：《北京考古史·金代卷》，北京燕山出版社2013年版，第74页。

年至大安元年（1189—1209）金章宗营造其父追谥的显宗裕陵和他自己的道陵，经国家地震局于2003年使用三维电阻率法探测，与世宗兴陵对称的东侧，地下有空穴，可能是一墓坑。此空穴应是裕陵。①以上问题，有待于今后考古发掘工作才能真正解答。

五、金世宗完颜雍兴陵（2001FJLM9）

金世宗（1123—1189），名完颜雍，女真名乌禄，金太祖阿骨打之孙，金睿宗完颜宗辅之子，母曰贞懿皇后李氏。完颜雍长得体貌魁伟，美髯长过其腹，胸间有七子如北斗。性格沉静明达，又善骑射，每次出猎，很多老年人都跟着去看，赞赏他的骑射技术，"国人推为第一"。他为人宽厚，常随叔伯四处征战，将士们都很推崇他。金熙宗皇统年间，以宗室子例授光禄大夫，封葛王，为兵部尚书。

海陵王完颜亮即立之初，完颜雍判会宁（今黑龙江省哈尔滨市阿城区南）牧，不久，判大宗正事，改中京留守，后又改为燕京留守、济南府尹。贞元初，为西京留守，贞元三年（1155）改东京，进封赵王。正隆二年（1157），例降封郑国公，进封卫国。正隆三年（1158），再任留守，徙封曹国。

---

① 王世仁：《北京房山金陵碑亭原状推测》，见《北京金代皇陵》附录二，文物出版社2006年版，第184页。

正隆六年（1161），海陵王秣马厉兵，动用了大量的兵力、物力、财力南伐宋朝，搞得"民皆被困，衣食不给""民不堪命，盗贼四起"。金国内举国骚动，完颜亮的统治更加不稳。十月丙午，官属诸军劝进世宗乘机在辽阳自立。当时，金南征万户完颜福寿等杀死东京留守高存福，拥完颜雍为帝。完颜雍即位，是为金世宗，改元大定，大赦天下，下诏历数完颜亮几十条罪过，废黜完颜亮，把他贬为炀王。十一月，浙江兵马都统制完颜元宜等弑海陵王于扬州。十二月，世宗由辽阳入中都，从此开始他为期28年多的统治。

世宗即位之初，金朝政局内忧外患，内有金贵族争权夺利，外有各族人民起义及与南宋关系不稳。为稳定政局，金世宗对海陵王一朝上层官员采取量才使用的宽和态度，以缓和统治阶级内部的矛盾；对外镇压了契丹移剌窝斡起义，击退了南宋隆兴北伐，战罢修和，签署《隆兴和议》，开启了南北40余年的和平局面，推动金朝转入和平发展轨道。内政和经济方面，勤政节俭、选贤任能、轻赋薄敛、重视农业、尊崇儒学。

世宗时期，金代政治、经济得到突飞猛进的发展，群臣守职、上下相安、家给人足、仓廪有余，是大金国历史上的太平盛世，出现了"大定之治"的繁荣局面，因此世宗号"小尧舜"，史称"中兴之主"。

大定二十九年（1189）正月，世宗崩于福安殿，寿六十七，在位29年。己亥，殡于大安殿，遗诏移梓宫寿安宫。章宗诏百官议，皆谓当如遗诏，移剌履独曰："非礼也。天子七月而葬，同轨毕至。其可使万国之臣朝大行于离宫乎？"上曰："朕日夜思之，舍正殿而奠于别宫，情有所不忍，且于礼未安。"遂殡于大安殿。三月，君臣上尊号谥曰光天兴运文德武功圣明仁孝皇帝，庙号世宗。四月，章宗皇帝遵照世宗生前"万岁之后，当置朕于太祖之侧"的遗嘱，葬世宗于九龙山太祖睿陵西南侧，号兴陵。明德皇后乌林答氏祔葬。①

金世宗兴陵，位于金太祖陵西南80米。2001年秋，北京市文物研究所调查金陵时，在清代为金世宗修建的小宝顶南侧勘探，于金代地层中发现有墓土夯层及木炭，墓室南发现有青白石垒砌的墓道，墓门两侧雕汉白玉云龙纹抱柱。由此规制考证，此处应该是金世宗兴陵，在位置上符合昭穆制度，编号2001FJLM9。墓室坐北朝南，考古发现墓室有护墙痕迹，由夯土夹杂着木炭筑成。墓室夯土上层为一层素土，厚20厘米，其下铺一层乱石块，乱石块下面铺素土和木炭。经钻探，共发现8层素夯土、8层木炭层，深至7.8~8米时，见分布规律的石条层面，初步分析是人为铺设的筑墓用的石料。该墓南侧发现有南北向石条构筑的台阶墓道，其构筑方法是先在墓道两侧挖土坑，墓道口两侧横卧木板和石板护墙以防塌方，然后在偏北部用青白石垒砌墓道两壁和下部台阶。墓道全长12.8米，方向350°；墓道内口宽2.9米、深3.3米；墓道东西两壁用长0.85~

---

① 《金史》卷六、七、八《世宗本纪》上、中、下，第121—204页；卷九十五《移剌履传》，第2099页。

M9墓道底部情况

墓门上的石龙头

0.94米、宽0.60米、厚0.25米的青白石平铺错缝垒砌，最深处3.3米、15层。台面石接口处先凿出元宝形石槽，然后浇注铁水，形成元宝形铁锭，长18厘米、宽8厘米。台阶为汉白玉石垒砌，长65厘米、宽23~25厘米，每层台阶均錾刻菱形花纹图案，共19层。往北最底部接近墓门处，则用青石铺

M9墓门两侧高浮雕云龙纹石抱柱

砌一段长3.3米的平底。墓门为仿木建筑结构，青白石雕刻门楼，现仅存1/3，通高4.5米，屋顶雕刻瓦垄、屋檐、椽子和瓦当，瓦当雕刻有梅花图案。垂脊前端刻有昂首的龙头，龙头和垂脊为榫卯结构，即龙头可以从垂脊下端取出，由此可见金代高超的、独具匠心的石雕艺术。檐椽下有双抄单下昂五铺作斗拱三朵，其下为栏额、门框及抱柱。门框正面及两侧面剔刻缠枝牡丹纹；门框两侧为倭角方形抱柱，高2.35米、宽0.35米，上面雕刻着极为精美的高浮雕腾龙及云纹，龙纹雕刻雄健有力、生动洒脱，其中三条腿为五爪，右后腿为四爪。

墓门无存。墓门前先用18根方木横铺一层垫底，其上纵横两层，然后在北端横放两层长方形方木，其南侧又纵铺三层。

墓门前端用纵排方木封门，但被火烧毁，化为木炭，堆积较厚，仅存墓道底部数层。在墓道外南端地面上发现两块长 2.8 米、宽 0.32 米、厚 0.08 米的长条形铸铁板块，体积大而沉重。

值得注意的是，在墓道外西南侧发现一条西南向东北并向下倾斜的石槽，总长约 9 米，由用花岗岩石凿刻成的单体石槽拼接而成，每个石槽长 1.8 米、宽 0.5 米、厚 0.4 米，正中凿刻成宽 20～30 厘米、深 15 厘米左右的沟槽，然后将每个石槽首尾相

墓门底部方木条封门，清理后 M9 墓门底部木炭堆积情况

墓道外遗留的铁水浇注的长条形铸铁板块

M9石槽内遗有凝固的铁锭

接至墓道上口。在墓道内仍然遗留倾斜的石槽，顺接到墓门位置。其中，个别石槽上面还盖有石盖板。石槽内发现遗有铁水浇注凝成的铁锭，可见石槽是灌注铁水的通道。铁水一直灌注到最后一节石槽，直至墓门。

这应该就是传说中"铁水封门"的做法，在考古中鲜见。据古代文献记载，战国时期魏襄王为了防止陵墓被盗就是采用铁水封门。据《太平广记·冢墓一》记载："襄王冢，以铁灌其上，穿凿三日乃开。"而古代帝王陵墓中，最著名的"铁水封陵"，当数唐高宗李治与武则天的合葬墓乾陵。《唐会要》记载："乾陵元宫，其门以石封闭，其石缝铸铁，以固其中。"金世宗陵承袭唐乾陵做法，亦采用"铁水封陵"，以防后世被盗。然而，想法是好的，做法太草率了。起先可能采取事先铸好的长条形铸铁板，因墓道窄、铸铁板沉重而宽不能塞进墓门处，所以临时采用这种"铁水封门"方法。但是，墓门处又用木方封堵，高温的铁水流至墓门处，火与木相克，封门的木条必然着火，所以草草掩埋，这套"设备"也遗留在墓道中，为我们研究"铁水封门"的方法提供了珍贵的实物资料。

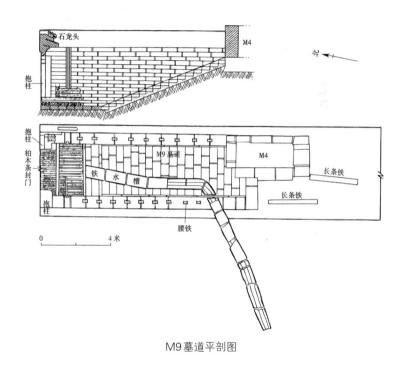

M9墓道平剖图

另据《日下旧闻考》记载："云峰山金帝陵，本朝顺治初，特设守陵五十户，每岁春秋致祭享，殿前碑亭恭勒世祖章皇帝御制碑文、圣祖仁皇帝御制碑文。乾隆十六年皇上命葺金太祖、世宗二陵享殿及缭垣。"今遗址内尚存清代修葺的金太祖陵大宝顶和金世宗陵小宝顶及宝城。大宝顶前约15米是金太祖阿骨打睿陵地宫，由此推断，金世宗兴陵地宫应该在清代小宝顶附近。

六、金熙宗完颜亶

完颜亶，女真名合剌，天辅三年（1119）生，太祖完颜阿骨打嫡孙，金徽宗完颜宗峻之子，母为蒲察氏。完颜亶自幼聪慧过人，学习汉文经史，酷爱文学，被女真贵族称为"宛然一汉户少年子也"。天会十年（1132）在完颜宗幹、完颜宗翰、完颜宗辅、完颜希尹等诸宗亲勋贵支持下，受任为谙班勃极烈，确立为皇位继承人。天会十三年（1135），金太宗驾崩，完颜亶登基为帝，是为金熙宗。

金朝初年，朝廷上下保留着一种较为质朴的风尚。君臣之间不甚注重礼仪，尊卑界限不是十分严格。天眷二年（1139）三月，完颜亶命令百官详定仪制，开始制度方面的改革。前后七八年的时间里，金熙宗在宗庙、社稷、祭祀、尊号、谥法、朝参、车服、仪卫及官禁制度等方面进行了大量的建设，制定了周密详尽的礼仪制度。新的礼仪制度处处表现皇帝至高无上的尊严。皇统五年（1145），皇统新律颁行，共千余条。废除女真族传统的勃极烈制度，参照辽宋制度设置三师、三省；颁行新官制，增设平章政事和参知政事；定封国制，加强相权，创制文字。熙宗在位期间，宋、金通过绍兴八年和绍兴十一年两次议和，出现了和平相持之势。

熙宗继位初始，宗翰、宗干、宗弼等开国功臣相继秉政，完颜亶临朝听政。皇统八年（1148）十月，宗弼去世，完颜亶正式亲政。但悼平皇后裴满氏个性泼辣，干预政事，无所忌惮。皇太子完颜济安、魏王完颜道济相继去世，导致帝位失嗣。熙宗开始嗜酒如命，不理朝政，滥杀无辜。皇统九年十二月初九丁巳日（1149年12月9日），熙宗被右丞相完颜亮所弑，终年31岁，在位14年。"降帝为东昏王，葬于皇后裴满氏墓中。贞元三年（1155），改葬于大房山蓼香甸，诸王同兆域。大定初，追谥武灵皇帝，庙号闵宗，陵曰思陵。别立庙。大定十九年（1179），升祔于太庙，增谥弘基缵武庄靖孝成皇帝。大定二十七年（1187），改庙号熙宗。大定二十八年（1188），以思陵狭小，改葬于峨眉谷，仍号思陵，诏中外。"①

熙宗悼平皇后裴满氏，天眷元年（1138）被立为皇后。父忽达拜太尉，赠曾祖斜也司空、祖鹘沙司徒。皇统元年（1141），熙宗受尊号，裴满氏被册为慈明恭孝顺德皇后。熙宗晚年，裴满氏干预政事，无所忌惮，久之，激怒熙宗，被熙宗所杀。海陵王弑熙宗篡位后，降熙宗为东昏王，追谥裴满氏为悼皇后。大定间，复熙宗帝号，加谥悼平皇后，祔葬思陵。

熙宗因为被完颜亮弑杀后"……葬于山之阴，谓其刑余之人不入"，未入主陵区。大定二十八年（1188），金世宗以帝礼改葬于大房山陵域内的峨眉谷皇陵群。峨眉谷在房山周口店地

① 《金史》卷四《熙宗本纪》，第87页。

区西庄村西坡，往北是"十王坟"，南面是康乐寺沟。①现在峨眉谷已无思陵痕迹，准确位置难以确定。但在田间地头上，残存有金代沟纹砖、黄琉璃瓦及汉白玉残石，西坡一带黄土层很厚，疑似熙宗思陵所在，有待于今后考古调查证实。

七、金显宗裕陵和金章宗道陵

金显宗，名允恭，本讳胡土瓦，世宗第二子，母曰明德皇后乌林答氏，生于皇统六年（1146）。体貌雄伟，孝友谨厚，大定元年（1161）十一月，世宗即位于东京。乙酉，封楚王，置官属。十二月，从至中都。大定二年（1162）四月己卯，世宗赐名胡土瓦曰允迪。五月壬寅，立为皇太子。大定八年（1168）正月甲戌，改赐名允恭，受皇太子册宝。大定十九年（1179）十一月，改葬明德皇后于坤厚陵，帝徒行挽灵车。

大定二十四年（1184），世宗将巡幸上京会宁府，诏皇太子允恭管理政务，并作"守国之宝"以授之。"其遣使、祭享、五品以上官及事利害重者遣使驰奏，六品以下官、其余常事，并听裁决。"世宗到上京，告诫允恭，"今巡幸或能留一二年，以汝守国。譬之农家种田，商人营利，但能不坠父业，即为克家子也"，"凡人养子，皆望投老得力。朕留太尉、左右丞、参政辅汝，彼皆国家旧人，可与商议。且政事无难，但用心公

① 丁利娜：《北京考古史·金代卷》，第77页。

正，无纳谗邪，一月之后，政事自熟"。可见金世宗对这位太子寄予厚望，希望子承父业，成为一代有为的君主。可是天不假年，允恭久居深宫，埋头于经卷，对政务基本上一窍不通，因此虽早起晚睡、殚精竭虑，仍觉自顾不暇、力不从心。于是当年七月，专门派儿子麻达葛前往上京，请求世宗早日还朝主政。允恭监国，日夜操劳，忧心忡忡，终于积劳成疾，大定二十五年（1185）六月庚申，年仅39岁的允恭逝于中都承华殿。是时，"世宗自上京还，次天平山好水川，讣闻，为位临奠于行宫之南，大恸者久之"。灵柩至中都的路上，世宗路祭七次，立位奠哭。

七月壬午朔，赐谥宣孝太子。九月庚寅，殡于南园熙春殿。世宗在大房山为允恭营陵，十一月山陵初成，甲申灵车发引，世宗路祭于都城之西。庚寅，葬大房山。世宗本欲加允恭帝号，大臣谏阻乃止。世宗超乎常礼为允恭建庙于衍庆宫，祭用三献，乐用登歌。

大定二十九年（1189），世宗崩。允恭子章宗即位，五月甲午，追谥允恭体道弘仁英文睿德光孝皇帝，庙号显宗，丁酉，祔于太庙，陵曰裕陵。

显宗孝懿皇后，徒单氏。皇统七年（1147）生于辽阳，其先忔里辟剌人。明昌二年（1191）正月，崩于隆庆宫，年45岁。谥曰孝懿，祔葬裕陵。

金章宗完颜璟，本名麻达葛，显宗嫡子，母为孝懿皇后徒单氏。金朝第六位皇帝，金世宗完颜雍之孙，金显宗完颜允恭之子，金宣宗完颜珣之弟。

大定八年（1168）生于麻达葛山（今河北省张北县）。大定十八年（1178），麻达葛年仅10岁，世宗册封其为金源郡王，而这是金国常胜将军完颜娄室征战终身才得到的高位。大定二十五年（1185）十二月，晋封原王，判大兴府事。世宗对他说："你还年轻，按大金制条，本不该交给你这样的职务，但我觉得，应该给你创造条件，去学习政事。我之所以任命你为京师长官，是想增强你的才干，你要努力，别辜负我一片心意。"这种破格的培养与使用，显然是世宗的良苦用心。

大定二十六年（1186）五月，世宗提升年仅19岁的麻达葛为尚书右丞相，令太尉兼左丞相徒单克宁辅佐之。十一月，金世宗下诏正式册立原王麻达葛为皇太孙，并赐名为璟。麻达葛入庆和殿致谢。世宗语重心长地对他说："昭德皇后（乌林答氏）只有你一个嫡孙通过试用，你还是很有能力的。从今以后，我立你为皇太孙，你要时时自勉。赐名璟，放出玉般的光彩，勿负重望！"至此，金世宗对嫡孙完颜璟阶梯式的培养、锻炼与使用，已获得了十分满意的结果。

大定二十九年（1189）春正月癸巳，世宗崩于福安殿，纥石烈志宁等宣谕世宗遗诏，年方22岁的麻达葛，即皇帝位于枢前，是为金章宗，金朝的第六位皇帝。

史书记载，章宗完颜璟聪慧好学，有其父的风采，他酷爱汉文诗词与书画，风度儒雅，为金朝诸帝中汉文化水平最高的一个人，称他是"博学有俊才，喜为诗，工真草"。

章宗在位时，承世宗治平日久，宇内小康，乃正礼乐，修刑法，定官制，典章文物粲然成一代治规。泰和八年（1208）十一月丙辰，章宗崩于福安殿，享年41岁，在位19年。

大安元年（1209）春正月，谥曰宪天光运仁文义武神圣英孝皇帝，庙号章宗。二月甲申，葬道陵。

章宗钦怀皇后蒲察氏，上京路曷速河人。大定二十三年（1183）十一月，嫁章宗，封金源郡王夫人，后晋封如妃，崩。章宗即位遂加追册，奉安神主于坤宁宫，岁时致祭。大安初，祔葬道陵。

2001—2002年，笔者主持金陵考古期间，在金太祖睿陵东南80米的柳家沟，曾出土一对高60厘米的巨大石鸱尾和石斗拱等建筑构件。这里可能是金章宗特别为自己营造的陵园道陵，石鸱尾、斗拱所在的位置是道陵的入口，这些石构件是入口牌坊或大门的构件。在元代"道陵苍茫"已是"燕京八景"之一，这也可以从一个侧面说明，道陵是一处幽深苍郁的独立陵园。这些尚待以后进一步考古调查。

史书虽记载显宗裕陵、章宗道陵均在大房山九龙山陵区，但已难寻踪迹。大房山脉主峰茶楼顶东行北折有一峰巅名连泉顶，连三顶东侧有一条山沟，当地人称"大楼沟"。其西段即东风二果园林场，林场内有一片古栗树。1986年，考古工作者第一次调查金陵时，在这一带发现了一些金代沟纹砖、绿琉璃瓦、汉白玉栏杆、柱础等。继而，请北京市地矿局物探中心使用电磁法对这里进行了探查。在第一地点发现地下2~4米深处

"情况异常"，呈长9米、宽6米的半月形，面向山口处，第一地点前方有建筑地基及柱础，再往前发现有古路遗迹。第二地点"异常情况"更为明显，呈T字形，南北长15米、东西宽25米，再往前延伸，又达6米，呈甬道状。当时经过综合考证认为，第一地点是显宗裕陵，第二地点是章宗道陵。[①]2001年，北京市文物研究所再次组织金陵考古队，对大楼沟栗树园进行了复查，并对第二地点进行了重点钻探。其地有两处微微隆起如茔丘的小土包，其前面有一片果树。经钻探发现，此处有7~8处砖窑遗址，其中有三处保存比较完整，分别为马蹄形或长方形，长5~6米、宽2.5~3米。在砖窑内遗留有生烧的砖坯。在其北侧的几棵古老的栗树下钻探，发现3座保存较好的砖窑，平面呈马蹄形，长5~6米、宽3米左右。经访问林场经理得知，这里的栗树是明永乐年间种的，《房山县志》内有记载。根据地层判断，该处遗址应该是金代砖窑，很有可能是一处提供修建金陵所用砖的官家砖厂。据此判断，此处"异常情况"不应是显宗裕陵和章宗道陵的陵寝所在地。

在金陵主陵区东侧的柳家沟发现了大量石质建筑构件，包括一对高达92厘米的石鸱吻、巨大的石斗拱、台基条石等。20世纪80年代调查金陵遗址时，在陵区东侧柳家沟还发现一对残断的汉白玉石雕——金龙盘玉柱，每根重200多斤，现存放在辽金城垣博物馆。根据现场的遗迹现象和昭穆制度推测，这一

① 杨亦武：《大房山金陵考》，《北京文博》2000年第2、3期。

带也应该属于金代皇陵的范围，或许是章宗另辟蹊径在此为自己营建道陵的陵寝所在。

有学者认为，大定二十九年至大安元年（1189—1209）金章宗下令营造了其父追谥的显宗裕陵和他自己的道陵。经国家地震局于2003年使用三维电阻率法探测，与世宗兴陵对称的东侧，地下有空穴，可能是一墓坑。笔者推测，此空穴应是裕陵。关于裕陵、道陵是否在此区域内，有待今后的考古发掘来证实。①

八、海陵王和卫绍王

完颜亮，字元功，本名迪古乃，金朝第四位皇帝，辽王宗幹第二子，天辅六年（1122）生。皇统九年（1149），完颜亮弑君而篡位称帝，改元天德。其在位期间残暴狂傲，杀人无数。但与此同时，完颜亮也励精图治、鼓励农业、整顿吏治、厉行革新、完善财制，并大力推广汉文化，贞元元年（1153）迁都燕京，营建大房山皇陵，进一步巩固了金王朝在北方的统治。正隆六年（1161）十月，完颜亮意图统一华夏，兵分四路强行对南宋发动全面进攻。十一月乙未，浙西兵马统制完颜元宜等军阵前倒戈，弑海陵王于扬州瓜洲渡，时年40岁。都督府把他的灵柩安放在南京（今河南省开封市）班荆馆。

---

① 北京市文物研究所：《北京金代皇陵》附录二，文物出版社2006年版，第184页。

"大定二年（1162），降封为海陵郡王，谥曰炀。二月，世宗使小底娄室与南京官迁其枢于宁德宫。四月，葬于大房山鹿门谷诸王兆域中。二十年（1180），熙宗既祔庙，有司奏曰：'炀王之罪未正。准晋赵王伦废惠帝自立，惠帝反正，诛伦，废为庶人。炀帝罪恶过于伦，不当有王封，亦不当在诸王茔域。'"①

金世宗于大定二十一年（1181）正月，正式下诏，废海陵王为庶人，随即海陵王被迁出鹿门谷诸王兆域，改葬于山陵西南四十里，"瘗之闲旷，不封不树"②，连葬所地名都没留下来。

卫绍王，本名允济，小字兴胜，金朝第七位皇帝，金世宗完颜雍第七子，金显宗完颜允恭异母弟，母为元妃李氏。卫王长身，美髯须，天资俭约，不好华饰。大定十一年（1171），受封薛王，是岁晋封腾王。历任刑部尚书、开府仪同三司、秘书监等职。侄子章宗完颜璟即位后，改封潞王，并为避显宗讳，诏改"允"为"永"。永济自幼懦弱，平庸无能，心无卓见，识人、理政能力皆弱，但却在世宗、章宗和朝臣面前表现出一副持重老成和与世无争的样子。自大定十一年（1171）永济被封为薛王起，接连晋封腾王，受世袭猛安，加开府仪同三司，做秘书监，任刑部尚书，改殿前都检点。真是无功得位，

① 《金史》卷五《海陵本纪》，第117页。
② 《金史》卷七十六《宗幹列传》，第1741页。

平步青云，连年加官晋爵，而且离皇帝越来越近。

大定二十九年（1189），世宗死，章宗即位。世宗"越子传孙"的皇位传承法，终于结出恶果。失去世宗的偏袒，章宗与几位皇叔的关系越来越僵，最后，竟有两位采取了谋皇位的反叛行动。章宗虽然及时以铁血手段处理了两桩大案，但仍然心有余悸。自世宗朝以来，真正跟他亲近并且对他无任何威胁的，唯有这个小七叔完颜永济了。明昌二年（1191）完颜永济晋封韩王。承安二年（1197），改封卫王；三年（1198），改昭义军。泰和八年（1208）十一月，金章宗驾崩，完颜永济在元妃李氏、宦官李新喜、平章政事完颜匡的安排下即位为帝，改元大安。完颜永济为人优柔寡断，自幼懦弱，平庸无能，没有安邦治国之才。至宁元年（1213）八月，蒙古军再次逼近中都，右副元帅胡沙虎起兵叛乱，带兵入宫，逼永济出宫，后派宦者李思中将其杀害于故邸。九月甲辰，显宗长子完颜珣即位，是为宣宗，改元贞祐。丁未，诣邸临奠，伏哭尽哀，敕以礼改葬。胡沙虎请废永济为庶人，诏百官议于朝堂，议者二白余人。太子少傅奥屯忠孝、侍读学士蒲察思忠请从废黜，户部尚书武都、拾遗田庭芳等三十人请降为王侯，胡沙虎固执前议，宣宗不得已，乃降封东海郡侯。贞祐二年（1214）四月，宣宗葬永济于大房山。贞祐四年（1216），宣宗诏追复永济为卫王，谥曰绍，后世称他为"卫绍王"。

由上可知，海陵王完颜亮先被葬在鹿门谷诸王兆域，后又被迁出陵区，葬山陵西南四十里。卫绍王葬于大房山具体位置不详，可能葬于诸王兆域中，尚待考古调查发掘证实。

综上所述，金朝九位帝王和追封的四位皇帝中，在房山金陵九龙山主陵区内，至少有五位帝王的陵寝，即太祖阿骨打睿陵（M6）、太宗吴乞买恭陵（M7）、完颜亮父德宗顺陵（M8）、世宗完颜雍兴陵（M9）以及世宗之父睿宗景陵。显宗裕陵和章宗道陵可能在金陵主陵区东侧的柳家沟一带，具体位置待以后考古调查证实。其他几位帝王中，熙宗在海陵王迁陵时被葬在大房山蓼香甸诸王兆域，世宗在位时改葬于大房山峨眉谷，号思陵。完颜亮逝后，世宗先降封其为海陵郡王，葬于鹿门谷诸王兆域，后又降为海陵庶人，改葬于山陵西南40里。卫绍王于宣宗贞祐二年被葬于大房山，具体位置不详。宣宗逝于汴京，就地安葬。哀宗逝后葬于蔡州（今河南省汝南县）。熙宗追封其父为徽宗，葬于上京兴陵，未见有迁葬的记载。

第二节　十帝陵考

石门峪位于房山区周口店镇龙门口村西北2.5公里。据《房山县志》记载，"十王冢，在县西北十五里石门峪"，并注曰"金之宗藩也"。所谓十王冢，就是十帝陵，当地人称为"十王坟"。2001—2023年金陵发掘期间，考古队曾两次前往调查十帝陵。

《金史》卷五《海陵本纪》记载，海陵王于贞元三年

（1155）营建大房山山陵，一年之后的正隆元年（1156），"七月己酉，命太保昂如上京，奉迁始祖以下梓宫。……十月乙酉，葬始祖以下十帝于大房山"。

《金史·世纪》记载，石门峪所葬十帝如下。

1. 始祖光陵

金始祖，讳函普（《大金国志·金国世系之图》作龛福）。天会十四年（1136），追谥景元皇帝，庙号始祖。皇统四年（1144），号其藏曰光陵；五年（1145），增谥始祖懿宪景元皇帝。

2. 德帝熙陵

（始祖）子德帝，讳乌鲁（《大金国志·金国世系之图》作论讹鲁）。天会十四年（1136）追谥德皇帝。皇统四年（1144），号其藏曰熙陵；五年（1145），增谥渊穆玄德皇帝。

3. 安帝建陵

（德帝）子安帝，讳跋海（《大金国志·金国世系之图》作洋海）。天会十四年（1136），追谥安皇帝。皇统四年（1144），号其藏曰建陵；五年（1145）增谥和靖庆安皇帝。

4. 献祖辉陵

（安帝）子献祖，讳绥可（《大金国志·金国世系之图》作随阔）。天会十四年（1136），追谥定昭皇帝，庙号献祖。皇统四年（1144），号其藏曰辉陵；五年（1145）增谥献祖纯烈定昭皇帝。

5. 昭祖安陵

（献祖）子昭祖，讳石鲁（《大金国志·金国世系之图》作实鲁），刚毅质直。天会十五年（1137），追谥成襄皇帝（《大金国志·金国世系之图》作定襄皇帝），庙号昭祖。皇统四年（1144），号其藏曰安陵；五年（1145），增谥昭祖武惠成襄皇帝。

6. 景祖定陵

（昭祖）子景祖，讳乌古乃（《大金国志·金国世系之图》作胡来）。天会十四年（1136），追谥惠桓皇帝（《大金国志·金国世系之图》作惠皇帝），庙号景祖。皇统四年（1144），号其藏曰定陵；五年（1145），增谥景祖英烈惠桓皇帝。

7. 世祖永陵

（景祖）第二子袭节度使，是为世祖，讳劾里钵（《大金国志·金国世系之图》作核里颇）。天会十五年（1137），追谥圣肃皇帝，庙号世祖。皇统四年（1144），号其藏曰永陵；五年（1145），增谥世祖神武圣肃皇帝。

8. 肃宗泰陵

（世祖）母弟、景祖第四子颇剌淑（《大金国志·金国世系之图》作蒲剌淑）袭节度使，是为肃宗。天会十五年（1137），追谥穆宪皇帝，庙号肃宗。皇统四年（1144），号其藏曰泰陵；五年（1145），增谥肃宗明睿穆宪皇帝。

9. 穆宗献陵

（肃宗）母弟盈歌（《大金国志·金国世系之图》作杨割），

字乌鲁完，景祖第五子，世祖、肃宗同母弟。天会十五年（1137），追谥孝平皇帝，庙号穆宗。皇统四年（1144），号其藏曰献陵；五年（1145），增谥章顺孝平皇帝。

10. 康宗乔陵

（穆宗）兄子康宗，讳乌雅束（《大金国志·金国世系之图》作阿卢里，一名骨卢你），字毛路完，世祖长子也。天会十五年（1137），追谥恭简皇帝。皇统四年（1144），号其藏曰乔陵；五年（1145），增谥康宗献敏恭简皇帝。

十帝陵原葬于上京会宁府（今黑龙江省阿城市），海陵王贞元三年（1155）先迁太祖、太宗、德宗诸陵，正隆元年（1156）七月，派员返回上京奉迁始祖以下十帝梓宫。八月丁丑，海陵王在大房山视察山陵。十月乙酉，在大房山安葬十帝。由上述史料记载可知，金始祖以下十帝，即始祖、德帝、安帝、献祖、昭祖、景祖、世祖、肃宗、穆宗、康宗，其陵号分别为光、熙、建、辉、安、定、永、泰、献、乔。十帝陵迁葬后陵号未变。

十帝陵的营建年代史书没有详细记载，根据历史情形推断，贞元三年（1155）海陵王初建陵时，应未营建石门峪陵园，否则，海陵王当把十帝与金太祖、太宗等一并迁葬。海陵王于正隆元年（1156）七月派员前往上京（今黑龙江省阿城市）迁葬十帝灵柩，八月丁丑曾到大房山巡视山陵，想必当时石门峪陵园正在建设中。那么，石门峪十帝陵应营建于睿、恭二陵礼成后的贞元三年至正隆元年之间，历时一年左右。

如今，石门峪陵区荒芜日久，灌木荆棘丛生，十座帝陵的地面建筑及封土早已湮没无存，由于以山为陵、凿穴为宫，山谷深处堆积乱石成灾。至今八百余年的十帝陵具体陵址已难寻踪迹，仅遗留有零星的建筑构件。十帝陵的确切情况，还有待于今后的考古调查及科学发掘。

第三节　坤厚陵考

坤厚陵位于金陵主陵区西南凤凰山南侧的断头峪，其北是康乐峪。1972年12月，长沟峪煤矿在猫耳山断头峪基建施工中发现一组石椁墓。该墓在断头峪西山坡，由五具石椁组成"十"字形，主墓及南北两侧石椁为东西向，主墓东西两侧石椁为南北向。

每具石椁均由六整块两面磨光的汉白玉石板构成，石板厚10~15厘米。正中主墓方向为北偏东24°，石椁长2.9米、宽1.38米、高1.26米。结构为墓坑底放石椁底板，四框立于石椁底板上，单榫结合，椁盖板平放在上面。另外四具石椁与主墓石椁相同，规格略小，长2.45米、宽1.1米、高1.26米。主墓石椁中出土一具红漆柏木棺，呈长方形盒状，长2.2米、宽1.25米、高0.95米。棺板厚4.5厘米。结构为拼接成底，盖与四壁以穿带榫卯接合，榫卯之间以钉相接。棺外髹红漆并用银钉嵌錾花纹银片。棺前壁的图案为四角云龙纹，中嵌火焰宝

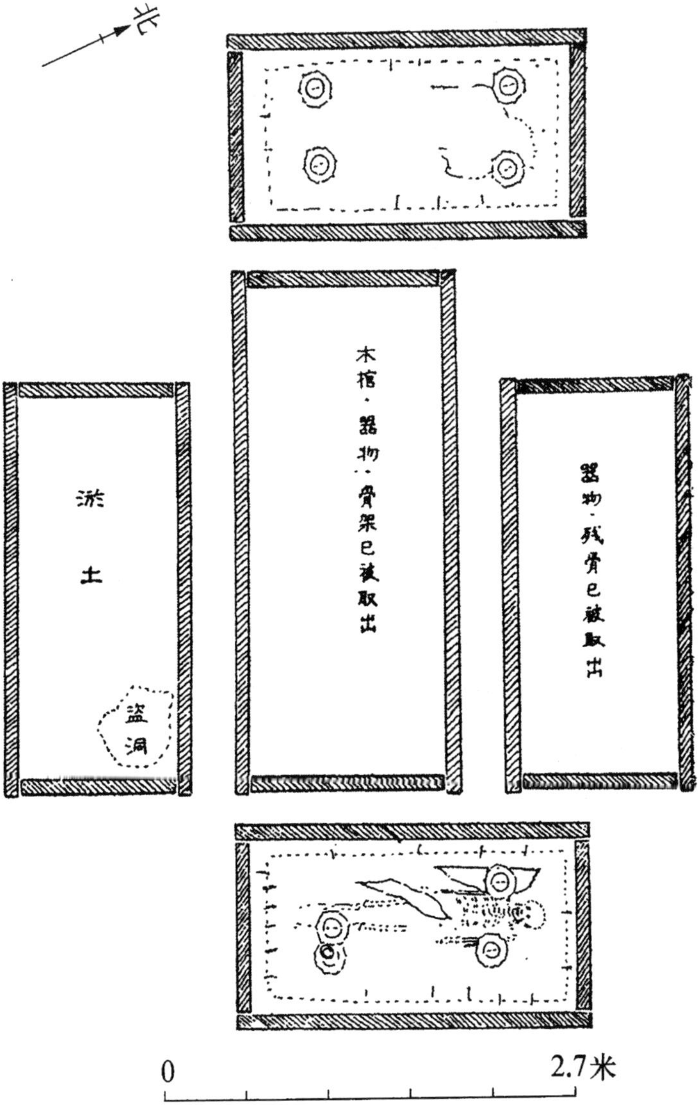
北
淤土
盗洞
木棺·器物·骨架已被取出
器物·残骨已被取出
0
2.7米

长沟峪五石椁墓平面位置图

长沟峪出土錾银龙纹红漆木棺

珠，火焰上部用绿色织锦剪成圆片贴在红漆表面。棺两侧为四角云龙纹嵌云龙卷草纹，云龙纹上部也用绿色织锦剪成圆片贴在红漆表面。后壁板及棺盖为卷草纹图案。银片图案边缘均用银钉钉合，烘托出银珠嵌边的效果。錾银龙纹饰工艺复杂繁缛，图案精美，造型浑厚有力。主墓石椁淤土中及残骨上有水银，椁内共收集水银约1公斤，并有织锦残片和松香棒。主墓木棺中出土玉器12件：双股玉钗1件，长15厘米、宽1.7厘米；玉镯1件，外径6.9厘米、内径4厘米；玉环1件，外径2.8厘米、内径1.2厘米；长方形玉饰1件，长4.9厘米、宽3.5厘米；三角形玉饰1件，长6厘米、宽2.7厘米；凤鸟形玉饰2件，长6.5厘米、宽2.2厘米、高3厘米；透雕折枝花玉锁1件，长9厘米、宽2.7厘米；透雕折枝花玉饰2件，长14厘米、宽6.5厘米；透雕双鹤卷草纹玉饰1件，长6厘米、宽5厘米；"政和通宝"玉钱1枚，直径2.9厘米。

这些玉器中，双股玉钗为青白玉，其他均为光润精美的

长沟峪石椁墓出土凤鸟形玉饰

长沟峪坤厚陵出土透雕
双鹤卷草纹玉饰

白玉。

以石椁下葬乃是金代丧葬习俗，出土的石椁又在大房山金陵兆域内，因此可以断定为金陵区域内的墓葬。主墓出土玉器多为妇女所用饰品，墓主人应该是女性。

主墓的木棺髹红漆錾银龙装饰，在等级森严的封建社会，即使是贵族妇女，也不能以龙作为棺表的装饰物，可见，墓主人的身份是一位后妃，而坤厚陵是大房山金陵内唯一一座后妃陵。

坤厚陵共葬有金世宗昭德皇后乌林答氏以下六位后妃。世宗崩，乌林答氏从坤厚陵迁出，祔葬世宗兴陵，而坤厚陵只剩下五位后妃，断头峪出土的金代墓葬恰恰是五具石椁。因此，可以断定，断头峪出土的金代石椁墓葬就是坤厚陵。

坤厚陵所葬后妃，《金史》卷六十四《后妃列传 下》中有如下记载。

世宗昭德皇后乌林答氏，其祖先居住在海罗伊河，世代为乌林答部长，率部归顺金朝，居住在上京，与金朝为姻亲。其曾祖胜管，康宗时多次出使高丽；其父石土黑，善于骑射，曾随金太祖伐辽，领行军猛安，以军功授世袭谋克，任东京留守。乌林答氏"聪敏孝慈，容仪整肃，在父母家，宗族皆敬重之。既归世宗，事舅姑孝谨，治家有叙，甚得妇道"。

天会五年（1127），完颜雍与乌林答氏订婚，那时，他俩都是5岁。到了天眷三年（1140），他们18岁的时候才结婚。不久，他们的儿子完颜允恭出世，更给生活增添了新的光彩。乌林答氏知书达理，文采超群，侍夫教子，贤良淑德。世宗完颜雍13岁丧父，母亲远离皇宫，削发为尼。乌林答氏不但给完颜雍带来了生活和情爱的温暖，而且伴随着丈夫闯过了一道道政治上的难关。

世宗于熙宗、海陵两朝处境艰难，乌林答氏曾多次献计谋保全世宗，最终为世宗献出生命。世宗得继大统，中兴祖业，成为有金一代明君。乌林答氏功不可没。

熙宗晚年不理朝政，酗酒嗜杀，喜怒无常，许多宗室子弟都惨死在他的屠刀之下。悼平皇后裴满氏又干政专权，肆其淫威，使官居兵部尚书的完颜雍如履薄冰，寝食难安。在风风雨雨的仕途中，完颜雍与妻子乌林答氏同舟共济。她建议丈夫把公公宗辅伐宋时得的传家宝白玉带献给了熙宗。这条白玉带是宋代皇帝御用物品，乌林答氏劝世宗："此非王邸所宜有也，当献之天子。"乌林答氏说："人若不在，宝传谁家？"世宗明白乌林答氏的良苦用心，便把白玉带献给当朝皇帝熙宗，于是悼后大喜，认为完颜雍诚信忠厚之至。这不仅使完颜雍保住了兵部尚书之职，而且，在熙宗大杀开国勋贵和近臣时"独于世宗无间然"。

完颜亮弑兄即位，深深忌恨金朝宗室，大杀宗室子弟，仅太宗子孙和宗翰子孙就有100多人被杀。秉德等人在熙宗末年策划拥立完颜亮为帝，完颜亮当皇帝后，经常借故杀人，完颜雍因此惶惶不可终日。机智的乌林答氏也多次劝完颜雍，向完颜亮进献珍宝以讨其欢心。完颜雍将家中珍藏的辽代的骨睹犀佩刀、吐鹘良玉、茶器等奇珍异宝献给了完颜亮。于是完颜亮以为完颜雍恭顺畏己，解除了对完颜雍忌惮之心，完颜雍终于保住了一条性命，但却被迫出任外官济南尹。乌林答氏与夫同甘苦共患难，贤美之名传于天下。

完颜雍在济南任职时完颜亮更不放心。因济南地处金国东海岸，又是金宋抗衡的要害地区，如完颜雍变心或倒戈，后果不堪设想。因此，海陵一方面命完颜雍将妻子乌林答氏送到中都为人质，以使他规规矩矩地听命于朝；另一方面，贪淫好色的完颜亮闻完颜雍妻美貌倾城，也想趁机仗势霸占这位美人。乌林答氏悲愤欲绝，但考虑到如果自己不去中都，丈夫一定会以不臣的罪名被杀，于是决定忍辱前往。为了保全完颜雍的生命和名誉，乌林答氏决定以死相殉。乌林答氏召王府臣仆张仅言谕之曰："汝，王之腹心人也。为我祷诸东岳，我不负王，使皇天后土明鉴我心。"又召家人谓之曰："我自初年为妇以至今日，未尝见王有违道之事。今宗室往往被疑者，皆奴仆不良，傲恨其主，以诬陷之耳。汝等皆先国王时旧人，当念旧恩，无或妄图也。违此言者，我死后于冥中观汝所为。"众皆泣下。乌林答氏说完后，就离开济南，从行者知乌林答氏必不肯见海陵王，一路上防护甚谨。走到离中都70里的良乡（今北京市房山区良乡城）固节镇时，乌林答氏便给完颜雍写了一封379字的绝命书，趁从行者防护稍缓，乌林答氏投湖自尽。乌林答氏对丈夫的忠贞和对政治的卓见跃然纸上。信中说"逆亮罪恶滔天，其亡立待"，劝完颜雍要修德政，肃纲纪，延揽英雄，务悦民心，以仁易暴，卧薪尝胆。然而，"海陵犹疑世宗教之使然"。为避海陵之祸，世宗未亲往治丧，也未派人料理丧事，乌林答氏便在良乡草草地掩埋了。

贞元初，世宗自济南改西京留守，路过良乡时才顺便派鲁国公主将乌林答氏葬于宛平县土鲁原。世宗即位，感念乌林答氏功德，不再重立皇后。大定二年（1162），追册其为昭德皇后。赠三代，曾祖胜管司空、徐国公，曾祖母完颜氏徐国夫人，祖术思黑司徒、代国公，祖母完颜氏代国夫人，父石土黑大尉、沈国公，母完颜氏沈国夫人。

大定十二年（1172）四月，立皇后别庙于太庙东北隅。五月，亲自驾车前往土鲁原致奠。大定十九年（1179），改卜大房山。十一月甲寅，皇后梓宫至近郊，百官奉迎。乙卯，车驾如杨村致祭。丙辰，上登车送，哭之恸。戊午，奉安于磐宁宫。庚申，葬于坤厚陵，诸妃祔焉。大定二十九年（1189），乌林答氏从坤厚陵迁出，祔葬兴陵。章宗时，改谥明德皇后。

元妃张氏，父玄征，母高氏是世宗之母贞懿皇后葭莩亲。

张玄征同五朝重臣张浩的曾祖父张霸是辽金吾上将军，其祖父张祐、父亲张匡均为辽节度使。张玄征妻高氏同金世宗母亲李洪愿为远房亲戚，因而玄征之女为邕王完颜雍的次室。张氏为完颜雍生子完颜永中（赵王），而后张氏卒。大定元年（1161），完颜雍即位。大定二年（1162）追封张氏为宸妃；十月，晋封惠妃。大定十九年（1179）陪葬坤厚陵之前，追封元妃。

当年，迁陵事宜由乌林答氏长子太子完颜允恭主持，乌林答氏长女鲁国大长公主佐之。大定十九年（1179）十一月下葬。当天，乌林答氏梓宫从磐宁宫发往坤厚陵，一路风雪交加，允恭徒步亲挽灵车，左右进雨具，允恭坚辞不受，梓宫到达坤厚陵时，允恭的衣服都湿透了，观者无不落泪。坤厚陵其他四妃是大定二十八年（1188）九月陪葬的，这四妃是：元妃李氏、贤妃石抹氏、德妃徒单氏、柔妃大氏。

元妃李氏，为南阳郡王李石之女。李石乃世宗生母贞懿皇后之弟，世宗舅父。世宗自立时，李石为心腹近臣，有援立之功，深为世宗器重。天德四年（1152），乌林答氏死，完颜雍娶李氏为继室。婚后李氏为世宗生子完颜允蹈（郑王）、完颜允济（卫绍王）、完颜允德（潞王）。完颜允成（豫王）的生母梁氏早逝，也被李氏收为养子。

大定元年（1161），完颜雍即位，封李氏为贤妃。大定二年（1162），晋封贵妃。大定七年（1167），晋封元妃。世宗即位感念昭德皇后，不复立后。尝曰："朕所以不复立后者，今后宫无皇后之贤故也。"元妃下皇后一等，在诸妃上。李氏虽为元妃，实居皇后位。

大定二十一年（1181）二月戊子，元妃李氏以疾薨，诏允成、允蹈、允济皆服衰绖居丧。乙未，殡于兴德宫西位别室。"癸未，启菆，上辍朝。皇太子、亲王、宗戚、百官送葬。甲申，葬于海王庄。丙戌，上如海王庄烧饭。二十八年（1188）九月，与贤妃石抹氏、德妃徒单氏、柔妃大氏俱陪葬于坤厚陵。卫绍王即位，追谥光献皇后……贞祐三年九月，削皇后号。"①

金世宗朝吏治清廉，不许后妃干政。其长子郑王永蹈以巫术制造谣言，企图夺取章宗皇位，事由家奴告发，被章宗处死。

李妃的另一个儿子永济却因自幼懦弱，平庸无见识而被金章宗诏为皇位继承人，成为金朝第七位皇帝。

泰和八年（1208），完颜允济继位为卫绍王，追谥李氏为光献皇后。

从以上史料记载可以认定：乌林答氏迁葬兴陵后，以李氏的身份和地位最高，实际上成为坤厚陵的主葬者。

据此推断，断头峪出土的金代石椁墓，其主墓，即髹红漆錾银龙柏木棺的墓主人当是元妃李氏，周围四椁，应该是元妃张氏、贤妃石抹氏、德妃徒单氏、柔妃大氏。五位皇妃墓葬格

---

① 《金史》卷六十四《后妃列传 下》，第1519—1523页。

局似是乌林答氏迁葬出坤厚陵后形成的。[1]

第四节　诸王兆域考

大房山金代皇陵和其他朝代帝王陵寝不同，除安葬皇帝外，一些宗室诸王也葬于其间，称"陪葬"。但诸王所葬区域与皇帝葬所有严格区别，因此就形成了帝王区与王陵区。王陵区，史称"诸王兆域"，在鹿门谷。贞元三年（1155），海陵王营造九龙山太祖陵区时，在九龙山西南隅营建了鹿门谷诸王兆域。

中都金陵域内，皇室诸王死后亦安葬于一定的地区，可能比较集中，如完颜亮被杀并废为海陵郡王后，葬于大房山鹿门谷诸王兆域。金熙宗被杀后，先葬于上京的皇后裴满氏墓中，向中都迁灵时，由于他已被削去帝号，降为"东昏王"，以"土"的资格葬于大房山蓼香甸，故此，诸王兆域位于大房山的"鹿门谷"及"蓼香甸"一带。按，"谷"为两山间流水之道，谷中常有一种植物，名为"谷蓼"，是多年生草本植物，故"蓼香甸"可与"鹿门谷"相连，似为同一地附近。另外，"甸"常与"淀"字通用，而"淀"是指湖泊之地，故"蓼香

① 杨亦武：《房山历史文物研究·大房山金陵考》，奥林匹克出版社1999年版。

甸"似是山谷中生长谷蓼并傍水之地，大概在鹿门谷中。①

据金明昌五年（1194）苏敬安《房山灵峰寺记》碑中记载，大房山主峰茶楼顶"东临鹿门谷"，按其方位推断，鹿门谷应在今十字寺沟，即车厂村西北，北倚三盆山，东隔一岭与九龙山太祖陵相邻，西南为凤凰山陵区，由南向北绵延数里。鹿门谷的第一批葬者，是金熙宗以及贞元三年（1155）一同从上京迁葬的宗室诸王。

《金史》并未记载迁葬诸王的姓名和数量，因此无从考证鹿门谷诸王兆域内迁葬诸王的详情。据黑龙江省阿城市文物工作者介绍，在金上京故城以东24公里处的阿城市大岭乡吉兴村北山有一处金代早期的陵墓群，大约1000平方米的范围内，有人工挖掘的数十个巨大坑穴，推测可能是贞元三年（1155）海陵王迁葬诸王遗留的墓穴。

《金史》中有记载的只有如下三位。

1. 金熙宗完颜亶

完颜亶（1119—1149），又称"合剌"，金太祖阿骨打的长孙，父名宗峻，母为蒲察氏。完颜亶自幼学习汉文经典，吟诗玩戏，雅歌儒服，醉心于汉族先进的文化，前辈们视他为"汉家少年"。天会十年（1132），金太宗立完颜亶为诸班勃极烈，为皇帝继承人。天会十三年（1135）正月，金太宗病死，完颜亶即皇位，是为金熙宗。在位14年，皇统九年（1149），被完

---

① 于杰、于光度：《金中都》，北京出版社1989年版。

颜亮所杀。

《金史》卷四《熙宗本纪》记载，熙宗于贞元三年（1155）改葬大房山蓼香甸诸王兆域。大定初，追谥武灵皇帝，庙号闵宗，陵曰思陵。大定二十七年（1187），改庙号熙宗。大定二十八年（1188），以思陵狭小，改葬峨眉谷，仍号思陵。

《大金国志·陵庙制度》卷三十三记载，唯熙宗葬于山阴。这里的"山阴"当指太祖陵区九龙山西岭西侧的鹿门谷。

2. 海陵王完颜亮及子矧思阿补、光英

废帝海陵王最初也葬在鹿门谷。

海陵王完颜亮（1122—1161），字元功，本名迪古乃，金太祖之孙，太祖庶长子宗幹第二子，母大氏。天眷三年（1140），他19岁时即被任命为奉国上将军，随叔父梁王宗弼（兀术）征战，为行军万户，并晋升为骠骑上将军。皇统四年（1144）又升为龙虎卫上将军，任中京留守，迁光禄大夫。当初，熙宗以太祖嫡孙即位的时候，海陵非常不满。以为其父宗幹为太祖长子，自己也是太祖之孙，皇位应由他继承，因此颇怀异图。宗幹却是一位忠臣，熙宗对宗幹恩信有加，对海陵这位同祖伯兄也授以显职，委以重任，召为同判大宗正事，先后拜尚书左丞、右丞相，兼都元帅，拜太保，领三省事，屡屡升迁。熙宗晚年，由于悼后干政等原因酗酒滥杀，朝臣人人自危，海陵王趁机谋反。皇统九年（1149）十二月丁巳，弑杀熙宗篡位。

海陵王坐上皇帝宝座之后，不仅滥杀无辜，而且伺机大举南侵，对宋朝发无名之师。他不但不听劝阻，还弑杀母后，并耗尽民力财力，百姓苦不堪言。正隆六年（1161）十一月乙未，海陵率师在扬州瓜洲渡准备渡江时，被浙西兵马统制完颜元宜等反军杀害，终年40岁。都督府把他的灵柩放在南京（今河南省开封市）班荆馆。

金世宗登基后于大定二年（1162）将完颜亮降封为海陵郡王，谥曰炀。二月，世宗使小底娄室与南京官迁其柩于宁德宫。四月，葬于大房山鹿门谷诸王兆域中。

另据《大金集礼》卷四《追加谥号 下》记载："大定二十年（1180）十二月九日，拟奏，闵宗已升祔，缘海陵庶人系弑逆之人，大定二年降封。盖当时止是比附前代帝王失道被废降封故事，初不曾正弑逆之罪。又葬所与闵宗同一兆域，并海陵庶人生母尚有慈献皇后名称，俱为未当。……其海陵庶人，不当与闵宗同一兆域，亦不当在诸王茔域之内外。……敕旨：'仰再检讨其葬所，改迁山陵兆域之外。'复奏定以海陵庶人为名。"

金世宗采纳了奏议，于大定二十一年（1181）正月正式下诏，废海陵王为庶人，随即海陵王被迁出鹿门谷诸王兆域，改葬于山陵西南40里，"瘗之闲旷，不封不树"①。可见，海陵王最初曾葬在鹿门谷诸王兆域内，后被迁往山陵西南40里，随着时代变迁，海陵王墓已很难寻觅了。

---

① 《金史》卷七十六《宗干列传》，第1741—1743页。

宿王矧思阿补，海陵之子，正隆元年（1156）四月生，三年正月卒，追封宿王，葬大房山鹿门谷诸王兆域。

光英，本名阿鲁补，其母为徒单氏。天德四年（1152）立为皇太子。海陵伐宋时，光英据守。海陵遇害，都督府移文讹里也在汴州杀死光英。他死时年仅12岁。后葬于大房山诸王墓次，即鹿门谷诸王兆域。

3. 完颜爽

荣王完颜爽，本名阿邻，太祖孙。其父卫王完颜宗强是完颜宗弼的同母弟。完颜爽于天德三年（1151）授世袭猛安。正隆二年（1157），除横海军节度使，改安武军，留京师奉朝请。大定初年封温王，改秘书监，后迁太子太保，晋封寿王；后晋封英王，转太子太傅。复世袭猛安，晋封荣王，改太子太师。

《金史》卷六十九记载，（大定）"二十三年（1183），爽疾久不愈，敕有司曰：'荣王告满百日，当给以王俸。'既薨，上悼痛，辍朝，遣官致祭，赙银千两，重彩四十端，绢四百匹。陪葬山陵，亲王、白官送葬。他日，谓大臣曰：'荣王之葬，朕以不果亲送为恨。'其见友爱如此"。[1]

可见，完颜爽逝后也葬在大房山的山陵，应该在诸王兆域中。

---

[1]《金史》卷六十九《太祖诸子列传》，第1604页。

第五节　完颜宗弼埋在何处

完颜宗弼本名斡啜，女真名兀术，亦作斡出，或作晃斡出，太祖四子也，母元妃乌古论氏。金朝名将，开国功臣。

完颜宗弼，文韬武略，在女真族崛起的过程中起了很大作用。为人豪放，胆勇过人，猿臂善射，善于用兵。其多次率军南侵，致使中原地区和江淮一带生灵涂炭，无辜百姓死难无数，其一生致力于吞并南宋，是女真族史上一名卓越的军事统帅。

天辅五年（1121）十二月，完颜阿骨打发动第二次大规模反辽战争，完颜宗弼首次披甲，随叔父国论忽鲁勃极烈都统完颜杲出征。

天辅六年（1122）正月，金军克辽中京（今内蒙古自治区赤峰宁城），宗弼与宗望追击辽天祚帝于鸳鸯泺，辽兵300多人，宗望率宗弼等百余骑兵追击，交战中宗弼弓矢尽，遂夺辽兵枪，独杀八人，生擒五人。宗弼初次参战就显示出超人的勇猛，令女真将士刮目相看。

天会三年（1125）十月，宗弼随东路军伐宋，在东路军任行军万户。天会四年（1126）正月，随军攻宋，克汤阴县，俘宋兵三千。东路军强渡黄河，宗弼率先锋三千骑进逼开封，闻宋徽宗出开封南逃，宗弼选骁骑百名追之，获马三千而还。

天会五年（1127）六月，宗望病卒，宗辅继任右副元帅。天会六年（1128）正月，率军攻打山东，击败宋军数万，连克淄州、青州等城。

天会七年（1129），宗弼再次率军攻宋，先后攻占濮州、开德、大明等地。此后宗弼一直是金朝主战派代表，并领导了多次南侵，与宋军先后在黄天荡、富平、和尚原、两淮等地展开激战，胜败不一。

天会十五年（1137）十月，拜右副元帅，封沈王。天眷二年（1139），金、宋签订和议。七月丙午，拜都元帅，晋封越国王。天眷三年（1140）正月，以都元帅领行台尚书省事。宗弼杀主和派大臣完颜昌，撕毁和约，再次举兵南侵，但在顺昌、颍昌、柘皋镇等大败，被迫退守开封。

皇统元年（1141）七月，拜尚书左丞相兼侍中，太保、都元帅、领行台尚书省事如故。九月，挥师伐宋，兵渡淮河，再征江南，终于迫使南宋划淮为界。

皇统二年（1142）二月，宗弼朝京师，兼监修国史。皇统七年（1147），任太师，领三省事，都元帅、领行台尚书省事如故，独掌军政大权。

皇统八年（1148），薨。大定十五年（1175），谥忠烈，大定十八年（1178），配享太宗庙廷。

《金史·宗弼列传》记载："皇统八年（1148）薨。"此条既没记载宗弼逝于何处，也没记载埋葬何方。就此，目前学界关于完颜宗弼葬所有三种说法。

第一种说法，葬于今黑龙江省阿城市，即金上京会宁府。

有学者认为，"皇统八年（1148），完颜宗弼薨于住所，葬于上京会宁府"，"据史料可知，完颜宗弼薨逝时，被葬于上京会宁府，未见有迁葬记载。"①

第二种说法，葬于今北京大房山金陵。

也有学者根据《金虏图经》《大金国志》考证，贞元三的（1155），完颜亮除把太祖、太宗、德宗葬于九龙山下外，还把叔父梁王宗弼葬于附近。②

史书未见完颜宗弼有迁葬大房山陵的记载，也未陪葬太祖陵。此说不足信。

更有学者依据《金虏图经·山陵》记载，完颜亮于贞元三年（1155）迁陵时，曾"……亮寻毁其寺，遂迁祖宗、父、叔改葬于寺基之上，又将正殿元位佛像处凿穴，以奉安太祖旻、太宗晟、父德宗宗幹"，认为此条文献中的"叔"，正是完颜宗弼。而且进一步认定陵区内"皋儿沟"的"牛皋塔"压在"兀术坟"上。"因此，基本可以认定这里是金兀术坟。"③

2001—2003年，笔者主持发掘北京大房山金代皇陵。史书记载，海陵王在"云峰寺"的寺基之上"凿穴"为陵，而在九

---

① 丁利娜：《北京考古史·金代卷》，第87页。

② 杨亦武：《房山历史文物研究·大房山金陵考》，奥林匹克出版社1999年版，第111页。

③ 王德恒：《大房山下金皇陵》，北京燕山出版社2021年版，第257页。

龙山原云峰寺，寺基上的确发现有金太祖阿骨打睿陵（M6）居中，其东侧瘗葬海陵王"叔"太宗吴乞买恭陵（M7），其西侧瘗葬海陵王父德宗宗幹顺陵（M8），三座陵墓并排安葬，符合昭穆制度。因此，这里的"叔"不是完颜宗弼，而是太宗吴乞买，与"以奉安太祖旻、太宗晟、父德宗宗幹"文献记载相符。至于皋儿沟的"皋塔"下面是否压着"兀术坟"，发掘期间我们在主陵区西陵墙外的西南侧皋塔下，钻探有长约30米、宽20米的纯净黄色夯土，未发现"五花土"。所谓的"五花土"是考古学术语，是指挖土坑墓时，会将坑中各层颜色不同的熟土和生土挖出来，下葬后，再把这些混合土回填墓坑中，形成五花土。故排除墓葬可能，这里应该是"瑞云宫"建筑基址的夯土，因此，可以认定这里不是金兀术坟。[①]

第三种说法，葬于今河南省汝州市完村。

位于河南省汝州市东面的纸坊乡完村，居住着200多户姓"完颜"的村民，守护着先祖古墓800余年。他们自称我国金代大将完颜宗弼的后裔，因此称"完村"。自完颜宗弼以来，其先人已在完村繁衍生息了800多年。据称，完颜氏家族在此定居的另一目的，就是守护老祖宗完颜宗弼的墓葬及其修建的北岳行宫。在完村众多村民家中供奉的神位上，均有"金始祖完颜宗弼""元始祖完颜正叔"等字样。完村村长完颜占亭说，他们

---

① 付幸：《金陵散记》，见《北京文物与考古》第五辑，北京燕山出版社2002年版，第297页。

老祖先完颜宗弼的墓就位于村东边的田地里。该墓地占地30余亩，有墓冢、墓碑，神道两边还有石兽、石羊、石猴等共计12个。早前在墓地的最南端还立有石望柱。不少老人还清楚地记得最早墓碑身正面阴刻"太傅、太保、太师、越国王……金四太子完颜宗弼之墓"的字样。整个陵园内巨柏成荫，气势恢宏，庄严肃穆，蔚为大观。可惜20世纪50年代的"大跃进"时期，这块石碑被断为三截，修成石轨道，作为通往田野的阡陌了。后来，村里平坟，时任村党支部书记的完颜本玉以身作则，带头平了自家的老坟。

作为正史的《金史》记载，完颜宗弼薨于1148年。《宋史》记载，兀术班师，未几病逝。但两史均未记载其逝于何处。汝州市政协文史委顾问李泉海在2005年2月的《汝州文史资料》第八辑曾发表了一篇文章，说是从《金史·熙宗本纪》上看，兀术常在军中，有事回朝，无事还军，从不在朝中逗留，所以班师后应该是仍回开封，未几病逝，自然应该是逝于开封，而不是薨于上京住所。

李泉海还在文章中说，现已知晓的完颜宗弼墓葬共有三处：一说在今黑龙江省阿城市；二说在今北京市大房山的金陵；三说即在今河南省汝州市完村。阿城是完颜宗弼的老家，开封距阿城数千里，就当时的交通条件，尸体未必能保存完好。而北京金陵的修建晚于完颜宗弼病逝，此说也不足信。就三者来说，完颜宗弼的墓在汝州市的可能性更大。[①]但与前两说一样，汝州市完村说仍然没有足够的史料支持。完颜宗弼的墓地究竟在哪里，当前仍是一桩悬案，还有待于在今后考古调查中解决。

第六节　主陵区里其他墓葬

在金陵主陵区内还发现有5座其他墓葬，编号为2001FJLM1—2001FJLM5，均位于神道西侧，太祖陵西南第四台地上。5座墓葬形制相同，均为长方形竖穴石圹墓，花岗岩条石砌筑墓圹四壁，埋葬形式不同。其中M1、M2位置稍南，东西向。葬具、人骨及随葬品无存；M3、M4、M5位于其北，南北向。5座墓皆为长方形竖穴石圹墓。其中M1—M3在20世纪70年代平整土地时遭到破坏和扰乱，墓内随葬品遗失，仅从当地村民手中追回一件"萧何月下追韩信"三彩瓷枕，不知出于何墓。

2001FJLM1，长方形竖穴石圹墓，东西向。用6层花岗岩条石砌筑墓圹四壁，墓口距地表深0.2米、东西长3.5米、南北宽1.72米；墓底长3.28米、宽1.76米，墓深1.72米。由于被多次扰乱破坏，未见任何葬具、人骨和随葬品。

---

① 李泉海：《汝州文史资料》第八辑，2005年版。

2001FJLM2，长方形竖穴石圹墓，东西向。用数层花岗岩条石砌筑墓圹四壁；墓口距地表深0.4米，东西长3.35米、南北宽1.7米，墓深1.6米。由于早年扰乱严重，葬具、人骨及随葬品无存。

2001FJLM3，长方形竖穴石圹墓，方向350°。用2~3层花岗岩石砌筑墓圹四壁。墓口距地表0.2米，南北长3.1米、东西宽1.52米。墓底南北两端各放置一块"凹"形花岗岩石做棺台，棺台凹形槽内填长条形小薄砖，棺台外抹白灰。墓坑保存深0.40米。由于早年扰乱严重，葬具、人骨及随葬品无存。

以上三座空墓是20世纪80年代中期调查金陵时发现的，但当时没有报道，之后当地村民把墓坑当菜窖，储存大白菜了。考古发掘也靠运气，其实再往西2米左右就发现了M4和M5。虽然两个墓随葬物品不多，但至少不是空墓，特别是M4墓底打破M9金世宗兴陵墓道东壁。顺着雕花纹的墓道台阶下去，即可看见墓门两侧汉白玉石雕云龙纹抱柱及石门楼垂脊龙头。这绝对是当年的重大发现。

M4、M5保存较好，2001FJLM4，位于T11、T13之间，其东紧邻M5，两墓相距2.1米。该墓为长方形石圹竖穴墓，坐北朝南，方向352°。南北长2.95米、东西宽1.35米，深1.15米；四壁用花岗岩石平铺错缝垒砌，墓壁抹一层厚约0.5厘米的白灰。墓底在靠近南北两端处安放凹形石磴做棺台，北端石磴长79厘米、宽41厘米、高36厘米；南端石磴长78厘米、宽41厘米、高38厘米，石磴凹形槽内填长30厘米、宽14厘米、厚4

M4墓葬形制（陪葬墓）

厘米的素面小薄
砖，砖缝及石棺
台外抹白灰。椁

铜首铁剑

室内木棺已朽，
人骨架散乱，上
肢骨及骨盆在东
侧，头骨在两礅

棺台之间。随葬品有铜首铁剑和石枕各一件。其中，铜首铁剑
长125厘米，云头状铜质剑首，铁质剑茎贴附木柄，剑身为铁
质，经X光测试，剑脊饰银线，前端镶嵌北斗七星。

2001FJLM5，位于T11、T13之间，其西与M4并排，为长
方形石圹竖穴墓，坐北朝南，方向355°。该墓南北长2.65米、

M5墓葬形制

东西宽 1.2 米、深 0.76 米。四壁用花岗岩石平铺错缝垒砌，墓壁抹厚 0.5 厘米的白灰。椁室南北两侧亦放置凹形石礅做棺台。

棺台上木棺已朽，墓主人肢骨散乱。清理墓底时，在北端棺床下发现有圆形的小腰坑，直径 30 厘米，于腰坑内出土磁州窑龙凤纹罐一件；罐上扣有一个大碗，罐内装有一件三角形铁饰，底部有 30 余枚"泰和重宝"铜钱。

M5出土的磁州窑龙凤纹罐

第七章
出土遗物

　　金陵是中国历史上为数不多的少数民族皇陵，也是北京地区最早且规模最大的帝王陵寝，至今已有800余年历史。几经沧桑，陵区的地面建筑早已破坏殆尽。许多建筑构件或散见于沟坎田间，或埋于土中，或垒砌在梯田堰上。在调查清理中出土并收集了大量的石质建筑构件、铜器、铁器、瓷器、钱币及部分随葬品。

第一节　生活用品

　　生活用品，包括铜器、瓷器、铁器等。

　　铜器类的生活用品共18件，其中铜坐龙3件、铜簋1件、小铜人1件、铜饰件6件、铜门钉6件及鎏金铜门钹1件。

　　（1）铜坐龙，3件，其中1件残存腿部，另2件完好。以2001FJLP3造型最为别致端庄，龙首前伸，飘发，团身，前腿微曲，后腿踞坐，尾部上卷呈流云状，高24.5厘米。

　　铜坐龙是金代中早期皇室御用器物，金陵出土的3件铜坐龙，其中两件保存完好。标本2001FJLP3：2，龙首微扬，丹凤眼平视，眉宇间肃穆，头顶鬃毛飘逸后扬，团身，前腿微曲，后腿踞坐，龙爪为五趾，尾部上卷呈祥云状与头部鬃毛相连，威武雄姿，浩气凛然。高24.5厘米。另一件，标本2001FJLP3：3，龙首微扬，张口吟啸，后腿踞坐，尾卷曲向上，通体刻龙鳞片及火焰纹，高18厘米。

据《金史》卷四十三《舆服志·天子辂车》条下载："金初得辽之仪物，既而克宋，于是乎有车辂之制。熙宗幸燕，始用法驾。迨至世宗作乃制，班班乎古矣。"金朝初得到辽国车马仪仗之物，于是有了皇帝辂车的制度。"大辇，赤质，正方，油画，金涂银叶龙凤装。其上四面施行龙、云朵、火珠、方鉴、银丝囊纲、珠翠结云龙，细窠霞子。四角龙头衔香囊。顶轮施耀叶，中有银莲花、坐龙。红绫里，碧牙压帖。内设圆鉴、香囊，银饰勾栏台坐，紫丝绦网粉鎈。中施黄褥，上置御座、曲几、香炉、锦结绶。几衣、轮衣、络带并绣云龙宝相花，金线压。长竿四，饰以金涂银龙头。画梯、托叉、行马。"可见，皇帝乘坐的马车可谓大型豪华车辆。金世宗于"大定六年（1166）十二月，奏皇太子金辂典故制度，及上用金辂仪式，奉敕令详定"，重新审定皇帝所乘的马车新制度，规定"上用辂，轼前有金龙改为伏鹿，轼上坐龙改为凤"。表明铜坐龙实物曾用于皇室御用专车座前扶手的横木上。因此，可以认定，铜坐龙应该是金代皇室御用马车上的装饰物。它集龙、麒麟、狮、犬形象和特点于一身，设计构思及雕塑水平高超。

现藏于黑龙江省博物馆的铜坐龙，曾出土于金代早期都城上京会宁府皇城遗址西端，东距宫殿遗址不足400米，西距城东金太祖阿骨打和陵约500米。龙取坐姿，左前肢高举，与左后肢间有腾云相接。尾部翘起外卷，前肢长鬣突出于肩部，与头上卷鬣及后扬的长鬣相映。高19.6厘米。[1]另外，1990年，北京市为配合西厢道路工程的考古发掘中，在金中都遗址中也曾出土一件铜坐龙[2]，该金代铜坐龙头顶鬃毛向后延伸到脊部，口半张开，似猪嘴状，内含一颗铜珠，四肢粗壮，肩部有飞翼，龙爪为五趾，尾部似祥云外卷，龙身底部有四个钉孔，内有铁锈的痕迹。由此推断，此物应该是固定在某种器物上的饰件。金陵遗址出土的铜坐龙（标本2001FJLP3：2）与东北上京（今黑龙江省阿城市）出土的铜坐龙相比，虽然都是踞坐状态，但因地理位置更靠中原地区，所以，它更多地吸收了唐宋时期中原地区流行的龙形特点，龙身整体造型流畅，挺拔俊俏，做工精美考究，颇有中华龙风度，以彰显皇家气派和威严，给人以美的享受。

（2）铜簋，1件，2001FJLT13：1，宋仿西周礼器，侈口，双耳，腹下垂，大圈足，腹部饰方格乳丁纹，高13.5厘米。

（3）小铜人1件，2001FJLF1：1，高5厘米，人像立姿，头上有鼻系，上身穿钱纹坎肩，下身赤裸，双手抱元宝状，民

---

① 黑龙江省博物馆提供资料。1965年，该铜坐龙出土于黑龙江省阿城市南城城边。

② 北京市文物研究所：《图说北京史》上册，北京燕山出版社1999年版，第190页。

大铜坐龙线图

铜坐龙

间称善财童子。在唐代晚期敦煌莫高窟的壁画中常见的青年男子形象，到了两宋以后，便变成了可爱的幼童形象，而随着善财童子受到本土文化的影响，逐渐和龙女成为观音菩萨身边的侍者，即"童子拜观音"。

瓷器类的生活用品共15件，以盘、碗为主，分别属于定窑、霍窑、龙泉窑、钧窑、磁州窑和吉州窑等处的产品。

（1）白釉碗，1件，2001FJLF2：90，白色胎质，通体施白釉，细润。敞口，沿外撇，弧腹，矮圈足。内壁划花，施卷叶水草纹。口径21.4厘米、底径6.5厘米，高6.1厘米。属定窑产品。

（2）褐釉盏，1件，2003FJL：2，M6西陵墙内出土。通体施褐釉，直口，微敛，弧腹，矮圈足。口径9.5厘米、底径3.8厘米，高4.2厘米。

（3）钧窑蓝釉钵，1件，2001FJL：95，灰白胎，质坚硬。

蓝釉，内外均施半截釉。直口，折腹，矮圈足，素面。口径8.6厘米、底径4.6厘米，高4.2厘米。

铁器，在遗址内大量零散出土，其中生产工具最多，有镐、凿、锤、锨、斧、镰等，另有少量的兵器及生活用具等，共计51件。其中，镐、斧、锤、凿、叉、镰等9种。这些农具虽然已经有些锈蚀，但是在皇陵陵域内出土如此数量的农具，不容忽视。金国建立之初，就将农业作为立国之根本，太祖也一直非常重视发展农业生产：收国二年（1116），废除辽法，减省赋税；天辅七年（1123）还下诏，军队不可扰民，以免影响农业生产。"诸州部族归附日浅，民心未宁。今农事将兴，可遣分谕典兵之官，无纵军士动扰人民，以废农业。"可见金王朝发展期间，对农业生产一直高度重视。在金代大量使用铁制农具，这标志着农业耕作技术的进步。金代女真人在农业生产工具上不仅充分地继承了辽宋时期的发展水平，而且还对农业生产工具进行了改进，铁制生产工具种类繁多，用途各异。这说明金中晚期，铁制农具已得到极大普及。这为农业和社会经济的发展奠定了良好的基础。

第二节　建筑构件

金陵出土的建筑构件也种类繁多，主要有坐龙、鸱吻、栏板、望柱、抱柱、柱础、龙头兽、龙头螭首、石斗拱、迦陵频伽、妙音鸟、筒瓦、板瓦、瓦当滴水及大小不等的沟纹砖。质地主要包括石质、陶质、琉璃等多种，共计百余件。

一、石质建筑构件

小石坐龙

大石坐龙

（1）石坐龙，9件。大多残缺头部或身首异处，但雕刻精美，如2001FJL石：16，M9墓道出土的高大威猛的镇墓石坐龙，汉白玉石雕，龙蹲坐在长方形石台上，昂首屈蹲，头部残毁，长发飘逸，团身，前腿直立，后腿屈坐，雕刻鳞片及火焰纹，精美华丽，通高92厘米。

标本2001FJL石：22，龙首平视，飘发，通体雕刻鳞片及火焰纹。前腿直立，后腿屈蹲在圆柱形云台之上，云台雕浮云，下有柱形榫，应是用于插在望柱上。通高37厘米。

（2）石鸱吻，3件。其中在主陵区东侧柳家沟出土两件高大的鸱吻，形制相同。标本2001FJL石：

1，青石雕刻，鸱尾上翘，下刻张嘴龙头，口内凿方形卯，脊背刻小龙头。通高92厘米。

20世纪80年代调查金陵遗址时，在陵区东侧柳家沟附近发现一对汉白玉石雕——金龙盘玉柱，每根重200多斤，现存放在辽金城垣博物馆。

汉白玉石雕金龙盘玉柱

（3）石栏板，在20世纪80年代中期调查金陵遗址时曾出土三四块，2001—2003年发掘时在遗址又发现7件，个别出土于M6扰乱坑中。标本2001FJL石：4，平面呈长方形。页岩石质，风化较甚。单面雕双龙追逐图案，云纹衬底，通长0.96厘米、宽0.39厘米、厚0.12厘米；标本2002FJL石：4-2，平面呈长方形，汉白玉，雕牡丹纹图案，残长1.2厘米、宽0.54厘米、厚17厘米。

（4）各形制的柱础，32件。大多在遗址的田间地坎中出土。其中，1986年金陵主陵区出土的方形覆盆式角柱柱础，暴露在外3/4，另一角压在墙内，未雕刻。满工雕刻，台面雕雷纹，三个角饰花草纹；覆盆底层饰回纹，其上浮雕云纹及蟠螭纹。柱础大而高，正方形，边长77厘米、柱径30厘米、通高38厘米。此柱础汉白玉石，细腻光滑，花纹繁缛，雕刻精致，是研究金代石刻艺术及金代皇陵建筑极其珍贵的实物资料。

（5）台阶条石，10件。除了踏道的台阶条石外，大多在遗址中采集。标本2001FJL石：39，汉白玉石材质，剔刻缠枝忍冬纹，长90厘米、宽40厘米、厚15厘米。

二、琉璃构件

琉璃建筑构件，有鸱吻、脊兽、迦陵频伽、妙音鸟、筒瓦、护瓦、板瓦、勾头瓦、瓦当、长方形滴水、琉璃釉套兽、圆眼勾头瓦等，共70余件。

（1）鸱吻，5件，样式基本相同，大小有别。标本2001FJL：65，红褐色胎土，外施绿琉璃釉，胎质坚硬。模制，浮雕。龙头张口吐舌，鸱尾上卷，残高25厘米。

琉璃釉妙音鸟

（2）迦陵频伽，7件，样式相同。标本2001FJLP4：48，陶胎，外施绿釉，人首鸟身，展翅，头戴花冠，双手抱莲花，站立在狮子头上，底足圆形，造型别致。高24.8厘米、底径7厘米。

（3）妙音鸟，2件，样式相同。标本2001FJLP4：67，陶胎，外施绿琉璃釉，凤鸟展翅，立姿，圆形底足。通高26厘米、底径8.5厘米。

（4）琉璃釉瓦当，19件。灰白胎，绿琉璃釉，瓦筒残断，仅留瓦当，圆饼形，当面模印团龙纹或凤纹。标本2001FJL：69，直径11.5厘米、厚1.2厘米。

（5）长方形滴水，4件，形制相同。标本2001FJL：64，绿色琉璃釉，形制为长方弧形，正面雕刻龙纹，底部刻雷纹。长17.5厘米、宽6厘米。

三、陶质构件

品种包括迦陵频伽、鸱吻、垂脊兽、武士俑、砖、瓦等。

（1）迦陵频伽，2件。标本2001FJL：55，陶质，模制人首鸟身，头卷发髻，双手抱拳，站立在莲花座上，底部呈圆形。头部与颈部是榫卯结构，可以将头取下来，工艺精湛，设计理念独具匠心。

（2）鸱吻，1件。标本2002FJL：1，灰陶鸱吻，残留尾部。双面雕刻，一面浮雕龙纹，一面雕飞凤纹，底部划刻鱼鳞纹。双模合制，内空心。残高70厘米、宽23厘米、厚10厘米。

（3）垂脊兽，1件。标本

灰陶迦陵频伽

2002FJL：2，灰陶，双模合制，中空。龙头昂起，龙发飘逸，底部刻画鳞片，两侧贴塑龙须、身、爪等纹饰。高38厘米、宽26厘米、厚10厘米。

（4）砖。陵区内金代建筑所用的砖均为青灰色陶质砖，质地坚硬，模制而成，单面饰沟纹，方砖一般13道沟纹，长方形砖则为七八道。

方砖，边长37.5厘米、厚6.5厘米。大殿室内铺地砖，均为方砖铺地。

大长方砖，长42厘米、宽21.5厘米、厚7.5厘米。一般大殿台基压栏砖都用大长方形沟纹砖。

长方砖，长39厘米、宽17.5厘米、厚7.5厘米。这样的长方砖多为垒墙用或垒砌炕灶，炕面再铺上方砖。

装饰雕砖，泥质灰陶模制，空心，正面雕塑游动的鲇鱼，长42厘米、宽30厘米、厚9厘米。

（5）瓦件，分板瓦、筒瓦及重唇板瓦。

长方形板瓦，泥质灰陶，模制，弧形瓦背，凹面有布纹，外素面。长40厘米、宽27厘米、厚2.4厘米。

（6）陶瓦当，形制相同，陶质，模制，圆形，宽缘，当心浮雕兽头纹，双眉上翘，眼睛圆睁，张口，露出上下牙齿及獠牙。直径13.2厘米。

灰陶釉圆形兽面瓦当

（7）武士俑，1件。标本2001FJL：53，泥质灰陶，模制，圆雕，武士戴头盔，横眉怒目，四肢残缺，应该是垂脊上的构件，残高22厘米。

在陶质建筑构件中，龙为乾、凤为坤，在屋顶装饰中成对出现，而"乾坤"正是"阴阳"的意思，表现出阴阳相合、五行相生，如标本2002FJL：1，鸱吻，残高70厘米，双面刻鳞片纹，并各绘一龙一凤，龙首、凤首相对而立，呈现腾空和奔跑的动态姿势，龙凤位置在整体布局上呈现出呼应的特点。底部刻画鱼鳞纹样的装饰，代表着人们对"年年有余"的富足生活的向往，也表现出帝王对于顺遂生活的渴望。

这些有关龙凤的纹样传达出皇家威仪的距离感，金代继承了唐代龙凤纹样往往与卷草纹样搭配的方式，龙纹与牡丹纹搭配纹样的广泛运用，寄托了人们对于未知神灵的崇敬。

第三节　钱币

在金陵主陵区第四台地清代修葺的金世宗小宝顶西侧20余米处，T2金代地层中发现一处铜钱窖藏。钱币直接埋于土坑中，坑口直径约60厘米、深35厘米，码放整齐，出土时用绳串联的痕迹清晰可辨，共计2243枚，其数量之多、品种之丰富为北京市首次发现。现分述如下。

一、西汉铜钱

郡国五铢：1枚，武帝元狩五年（前118）初，令郡国铸钱，钱体厚重，正、背两面均有外郭，钱文五铢。"五"字两笔交叉，缓曲较甚，"铢"字金字头呈三角状，直径2.4厘米。重2.4克。

二、唐朝铜钱

（1）开元通宝，175枚，唐高祖武德四年（621）始铸，钱文分篆和八分二体，对读。大量开元通宝铜质较好，钱文精美，笔画匀称，"元"字第二笔左挑。边郭略宽，背面有仰月纹或偃月纹。钱径2.4~2.5厘米，重3.5~4.5克。个别开元钱，直径在2~2.2厘米，重2.5~3克。

（2）乾元重宝，3枚，唐肃宗乾元元年（758）始铸。与开元通宝参用，一当开元十文，也叫"乾元十当钱"。后来减重，大小不一，版别较多，郭宽肉厚。钱文八分体，对读，直径2.4厘米，重2.8克。

（3）会昌开元通宝，3枚，唐武宗会昌五年（845）始铸。面文为"开元通宝"。其特征：钱有背文，如"昌"字是会昌年号的简称，是扬州节度使李坤在钱背面铸一"昌"字以表年号。后来政府下令让各地造钱，在钱背面均铸本州州名，如

"京""梓"。会昌开元钱的铸造和使用的时间非常短。据《新唐书》《旧唐书》记载，会昌开元钱是唐代最后一种铸钱。会昌五年（845）四月，武宗下诏收集全国各地寺院所有铜钱和僧尼瓶、碗等用来铸钱。会昌五年七月中书又奏："天下废寺院铜像、钟、磬后铸钱。"从会昌五年七月新铸的会昌开元通宝，到会昌六年（846）正月"公私停用"，前后不到半年时间。由于全国各地均设坊铸钱，故制造粗糙，质量低劣，不及唐初开元钱精美，其背文书写不规范，也不清晰。钱径2.2~2.4厘米，重2.2~2.5克。

三、五代十国钱币

唐国通宝，2枚。南唐李璟年间（958—960）始铸。这个时期常铸大、小两种钱。钱文分篆、隶、真三种，对读。有铜、铁两种钱。此次未发现隶、真两书和铁钱。边郭宽，篆书，字迹清晰。直径2.4厘米，重4.6克。

四、北宋铜钱

2032枚。北宋时期，白银和纸钞已逐渐流通，成为货币的主要形式，但铜钱货币仍占主导地位。宋代货币种类繁多，随着经济发展，每换一个皇帝就要更名铸钱，同是一个皇帝每改一次年号也要更名铸钱。同时宋代钱文书体多种多样，真、草、隶、篆、行兼备，流利多姿，钱币制作工艺水平也达到顶峰。

（1）宋元通宝，4枚。太祖初铸钱，文曰宋元通宝。此钱有铜、铁两种，铜钱背有星月文等，沿用唐制，品类甚多。环读，郭宽肉厚，"元"字第二笔左挑。直径2.3厘米，重3.5克。

（2）太平通宝，21枚。宋太宗太平兴国年间（976—983）始铸。太宗改元太平兴国，更铸太平通宝钱。此钱有铜、铁两种，又有大铁钱。钱文真书，对读。钱文俊美，郭宽肉厚。直径2.4厘米，重3.75克。

（3）淳化元宝，26枚。宋太宗淳化元年（990）始铸。钱文有真、行、草三体，均为宋太宗赵炅御书，环读。分铜、铁两种，外观俊巧玲珑。钱文四字中"淳化"二字为行书，"元宝"二字为隶书；有的"淳化元"三字为行书，而"宝"字为隶书。整理中未发现铁制钱。郭宽肉厚，行书。直径2.4厘米，重3.6克。

（4）至道元宝，55枚。宋太宗至道年间（995—997）铸。钱文有真、行、草三种书体，均为太宗御书。环读，分铜、铁两种。此次仅发现铜钱。钱文有真、草两种，直径2.4厘米，重3.5~4.1克。

按《古钱大辞典》云："《永乐大典·宋史》，至道中铸钱，文曰至道元宝，真书草书二品，其制法仿效唐开元钱之所造。张端木《钱录》曰，至道元宝，至道年铸，有真行草三体。培按，此钱楷书者，元字左挑，轮多阔者，道或从首。草书者，有钩画曲折甚细者，背轮郭亦如淳化，盖当日改元，更易面文，其背之模固仍旧耳，此钱三体较淳化稍细小，行书尤细。《本纪》，至道二年十月己未，诏以池州新铸钱监为永丰监。《张咏传》，改兵部郎中，会诏川陕诸州参用铜铁钱，每铜钱一当铁钱十，咏上言：'昨经利州，以铜钱一换铁钱五，绵州铜钱一换铁钱六，益州铜钱一换铁钱八，不一其法。公私非便。望依旬估折纳铜钱。'《马亮传》，知饶州，有铸钱监，匠多而铜锡不给，亮请分其工之半，别置监于池州，岁增铸缗钱十万。《宋史·食货志》曰，至道二年，始禁道、贺州锡，官益其价市之，以给诸路铸钱。《玉海》，至道二年十月池州新置钱监，赐名永丰监。先是饶之永平，岁铸四十万贯，今分是监，共铸钱二十四万贯。"[1]

（5）咸平元宝，51枚。宋真宗咸平年间始铸。钱文真书，环读。这种钱制作较规则，郭宽肉厚。直径2.4厘米，重3.9克。

按《古钱大词典》云："《永乐大典·宋史》，咸平元年铸钱，文曰咸平元宝，川陕以铁为之，以铁钱十当铜钱之一。培按，真宗各种钱体精妙，以祥符例之，必皆御书也，此钱有稍小者。《本纪》，咸平元年八月癸卯，禁新小钱。《张若谷传》，三司言广宁监岁铸缗钱四十万，其主监宜择人。乃以命若谷，岁余所铸赢三十万缗。以上古泉汇考。续通鉴曰，咸平二年，宰相张齐贤言今患钱质地未多，望择使臣往遂处相度添价。及招诱人户采铅锡。仍案行铜山易得薪炭处置监铸钱。如此二年

---

① 引自丁福保《古钱大辞典》，中华书局1982年版，第1223—1224页。

间，所得百五十五贯。即遣虞部员外郎冯亮内供奉官白承睿往干其事。是年五月，亮等言饶池江建州岁铸百三十五万，铜铅皆有余羡。乃以亮为江南转运副使，兼提点江南福建路铸钱事。承睿同提点。玉海，建州置丰国监，江州置广宁监。山堂考索，咸平三年，王允恭言川陕民田之税，改用铁钱，十易铜钱一。以上钱略。咸平无通宝且无篆书，刘泉说。"[1]

（6）景德元宝，65枚。宋真宗景德元年（1004）始铸。钱文真书，环读。外郭有宽有窄之分。钱文"景"和"元"字的书写位置不尽相同。直径2.4厘米，重3.5克。

（7）祥符元宝、通宝，92枚。宋真宗大中祥符元年（1008）始铸。钱文真书，环读。制作规范，钱径2.4厘米，重3.5克。

（8）天禧通宝，66枚。宋真宗天禧年间（1017—1021）铸，钱文真书，环读，钱文大小有别，郭宽窄不一。直径2.3~2.5厘米，重4.1克。

（9）天圣元宝，140枚。仁宗天圣元年（1023）始铸。钱文有真、篆两种，环读。真、篆对读。钱文版别不同，真书"天"字是真书，"元"字是隶书；"天圣元"三字是篆书，"宝"字是隶书，钱面大小不同，外郭宽窄有别。直径2.4~2.55厘米，重3.7克。

（10）明道元宝，10枚。宋仁宗明道元年（1032）始铸。铸有真、篆两体，环读。钱文真书体四字各有不同，篆书体四

---

① 引自丁福保《古钱大辞典》，中华书局1982年版，第1713—1714页。

字也有明显差异，郭宽窄也各不相同。直径2.5厘米，重5克。

（11）景祐元宝，31枚。宋仁宗景祐元年（1034）始铸。钱文真、篆两种，环读。篆书，孔大，郭略宽；真书，郭宽，文字清晰。直径2.5厘米，重3.55~3.8克。

（12）皇宋通宝，241枚。宋仁宗宝元二年（1039）始铸。非年号钱。钱文有真、篆两种，对读。分铜、铁两种。整理未见铁钱。真书钱文版别较多，有钱径小、"皇"字文小，或径大郭宽，"皇"字小，"宝"字大，笔粗，"通"字的大小和行笔差异颇多。篆书体版别更复杂，也有七八种之多，有"皇"字为篆书体，而"元"和"宝"字为真书；另有一种为篆书体，环读。以上两种书体钱，外郭宽窄不同，钱穿大小不一。直径2.3~2.5厘米，重3.8~4.1克。

（13）庆历重宝，10枚。宋仁宗庆历年间（1041—1048）铸。钱文真书，对读。郭宽肉厚。直径3厘米，重7.9克。

（14）至和通宝、元宝，21枚。宋仁宗至和年间（1054—1055）铸。钱义真、篆二体，元宝钱环读，通宝钱对读。直径2.3~2.4厘米，重3.3~5.4克。

（15）嘉祐元宝、通宝，63枚。宋仁宗嘉祐元年（1056）铸。钱文有真、篆二体。出土元宝钱仅1枚，环读；其余均为对读。篆书通宝钱主要是"宝"字花样繁多，外郭宽窄也不一样。直径2.2~2.4厘米，重4.15克。

（16）治平通宝、元宝，49枚。宋英宗治平年间（1064—1067）铸。钱文有真、篆二体，"元宝"钱最小，直径

2.2厘米，"通宝"钱有"治""通"二字为篆体，"平""宝"为真书。直径2.3~2.45厘米，重3.5克。

（17）熙宁重宝、元宝，255枚。宋神宗熙宁年间（1068—1077）铸。钱文有真、篆、隶三种。重宝钱直径3厘米，环读。元宝钱直径3厘米，钱文篆书；元宝钱有真、篆二体，环读，钱径2.3~2.8厘米。另有两枚最小径2.2厘米，为真书，字体清秀。还有一枚花边元宝钱。郭边锯齿状，字迹模糊。总之，熙宁元宝、重宝版别多、复杂；也有钱背错范品，重4.4克。

（18）元丰通宝，316枚。宋神宗元丰元年（1078）始铸。有小平、折二两种。小平钱有篆、隶、行三体书，环读。大量郭宽，质地较好，也有部分类似皮纸一般的薄钱，钱径2.3~2.45厘米，重3.7克。折二钱，钱文篆、行二体，环读。行书体版别大小不同，"宝"字写法也有区别，"丰""宝"二字变化颇多，钱文大小也有不同。直径2.8厘米，重4.2克。

（19）元祐通宝，177枚。宋哲宗元祐年间（1086—1093）铸。钱文篆、行二体，环读。有小平钱、折二、折三三种。行书小平钱，四字笔画变化较多，外郭宽窄不同，字体清秀，有的字小，直径2.4~2.5厘米，重3.9克。元祐通宝折二钱，钱文有行、篆二体，环读。篆文钱以"宝"字行笔变化较多，钱体大小有别；行书钱文四字都有不同变化，钱体也有大小区别，版别较多。直径2.7~3厘米，重7.5~8.9克。

（20）绍圣元宝，96枚。宋哲宗绍圣年间（1094—1097）铸。钱文有篆、行二体，郭宽者较多。环读。其钱文之特点与小平钱文相近，郭宽肉厚。直径3厘米，重6~6.8克。

（21）元符通宝，19枚。宋哲宗元符年间（1098—1100）铸。钱文有真、篆二体，环读。篆书书写版式不同，郭宽，质地较好，直径2.4厘米，重3.8克。

（22）圣宋元宝、通宝，71枚。宋徽宗建中靖国年间（1101）铸。不是年号钱。圣宋元宝钱钱文有真、篆、行三体，环读。行书圣宋元宝四字变化颇多。直径2.3~2.5厘米，重3.5克。

（23）崇宁通宝、重宝，50枚。宋徽宗崇宁年间（1102—1106）铸。钱文有真、篆二体，均为徽宗御书瘦金体，分环读、对读两种，钱文和制作工艺精美，郭窄，字体清秀。"崇"字版别较多。直径3~3.5厘米，重9.6克。

（24）大观通宝，19枚。宋徽宗大观年间（1107—1110）铸。钱文为徽宗御笔瘦金体，对读。钱文虽出自一人手笔，但还是有一定差别。直径2.4厘米，重3.5克。

（25）政和通宝，65枚。宋徽宗政和年间（1111—1117）铸。钱文有篆、隶二体，小平钱，对读，孔小肉厚，直径2.45厘米，重4.1克。政和通宝折二钱，钱文有真、隶二体，对读。郭宽，孔外四角各有一小圆孔，字体清晰。直径2.8~2.9厘米，重8.05克。

（26）宣和通宝，19枚。宋徽宗宣和年间（1119—1125）铸。钱文有篆、隶、真三体，对读，小平钱仅3枚，直径2.4厘米，重3.5克。其他为二折钱，直径2.7~2.9厘米，重8.25克。

五、南宋铜钱

南宋钱币在这个墓葬中发现较少，仅发现两种，分述如下。

（1）建炎通宝，4枚。宋高宗建炎元年（1127）铸。钱文真、篆二体，对读。钱文书体和制作较规范，真书钱文"炎""宝"二字变化较多，篆书钱文大小有别，小平钱郭宽孔小。直径2.5~2.9厘米，重4.5~6.4克。

（2）绍兴元宝，3枚。宋高宗绍兴年间（1131—1162）铸。钱文真、篆二体，环读，铜质精良，制作工艺上佳，背面有星月纹。直径2.8厘米，重6.1克。

六、金代铜钱

金代初期沿用辽、宋钱，后来自铸钱，均较为精美，钱文清晰，仅发现两种，分述如下。

（1）正隆元宝，17枚。仿宋小平钱，金海陵王正隆年间（1156—1160）铸。钱文真书，对读，制作精美。直径2.4厘米，重3.4克。

（2）大定通宝，15枚。金世宗大定年间（1161—1189）铸。钱文仿宋大观小平钱，瘦金体，对读，钱文精美，郭宽肉厚。直径2.5厘米，重4.1克。

第八章
九龙山上守陵人

　　龙门口村一直流传着各种关于皇陵的故事。这是一个很小的自然村，位于大房山支脉九龙山的脚下，归车厂村管辖。村里的老人讲，车厂村的名字也和这座皇陵有关。之所以叫车厂村，是因为金海陵王在这儿营建皇陵的时候，来了大批的工匠，人多车也多，运送石料、木料等物资的车辆都停放在山下空旷之地，车子堆积如山，故名"车厂"。但是，也有人说，宋、金时期，因此地属金代陵寝，为金代皇室谒陵停存銮舆之处，故名"车厂"。

　　据清乾隆年间于敏中等编纂的《日下旧闻考》记载："云峰山金帝陵，顺治初特设守陵五十户。"除拨置香火费，每户还各给养赡地，责令每年春、秋两季前往九龙山致祭太祖、世宗陵。村里祖祖辈辈都是守陵人，刘姓和冯姓是守陵人后代。如今刘姓的后人仍看守着山陵。

　　20世纪80年代中期，我第一次去金陵捶拓"睿宗文武简肃皇帝之陵"的石碑。队长鲁琪说："这块石碑就是村民刘江山在种树的时候发现并报告了考古队……差点拿炸药给崩了……这块碑能完整地保存下来，刘江山功不可没。"那是我第一次去金陵时听到的关于刘江山的故事。

当时刘江山和村民一起上山种树，挖树坑时发现一块大石碑斜插在地里，碑身太重挖不出来，上边刻有明显的龙纹。有人建议找来炸药和雷管崩了它，刘江山赶快找到正在金陵搞考古调查的考古队领队鲁琪。鲁琪闻讯后立即赶来将此碑保护下来。这是当年在金陵考古调查中一次重大的发现，作为新闻，1988年5月27日《北京日报》头版给予报道，刘江山也成了新闻人物。

2001年，我主持发掘金陵的时候见到了刘江山，他还有一个哥哥叫刘守山。他们是亲兄弟，为人热情实在，特别是1946年出生的刘守山。他说："这村儿的人祖祖辈辈都是守陵人，当初海陵王把金陵建好后迁来了54户人家，专门负责看守皇陵……作为回报，皇帝把皇陵附近的土地赐给大家耕种……那时候叫'吃皇粮'。"每说到这儿，他一脸自豪感。我曾问过他祖籍哪里。他说："我们老家是山西人，打我爷爷那辈儿迁过来的……山西洪洞县大槐树下人……"再问："真的假的？"他有些无所适从。是不是山西洪洞县大槐树下的人，无从说起，也不重要。刘守山虽然没文化，但是极聪明，心灵手巧，宰猪杀羊，熟皮子，抓蝎子，下夹子逮獾、逮野兔子都是行家里手，地里的活儿也样样精通，而且他记忆力超强，好讲故事。龙门口村很多传说故事，大多是他讲的。他本人也是个有故事的人。小时候才几个月大，会爬了。有一天他睡着后，他母亲出去打麻将去了。没想到他醒了为找妈妈，就从炕上往外爬，就那么巧……农村土炕下面有个地炉子，他爬到炕边掉下去了，脑袋掉火眼儿里了……听到动静后，他妈赶快找人抢救……命是保住了，但半个脸、眼睛、耳朵烧没了，落下伤疤。乍一接触的人不敢看，慢慢习惯了，便也觉得和正常人一样。

在考古队干点力气活，搬个石头，使个巧劲儿，出个点子总少不了刘守山。2002年11月16日，开棺前一天，为了保证安全、顺利打开完颜阿骨打皇后的汉白玉雕刻凤纹椁盖，在完颜阿骨打陵（M6）地宫的现场，我们与北京文物古建公司总经理李彦成共同研究如何安全打开椁盖。陈亚洲说："守山，你拿个主意，怎么打开？"刘守山看看旁边立着的三脚架的倒链说："先用里面衬着稻草的木板裹好椁盖，慢慢向上提，打开一个缝后立即插进两根钢管，在四个出头的管子头上套住钢丝绳……再用倒链往上慢慢提拉……"一切准备就绪后，我们演习一遍，稍微试着打开了，觉得没问题。第二天开棺时辰已到，李彦成现场指挥古建公司的工人，有惊无险地安全地把椁盖打开了。大家揪着的心总算落地了。

在20世纪80年代中期，刘守山曾在主陵区东侧的柳家沟发现一对汉白玉石雕金龙盘玉柱，每根重达200多斤。他靠一己之力把一对金龙盘玉柱抱到工作站。现在这对金龙盘玉柱已入藏北京辽金城垣博物馆。每当有记者采访他的时候，他都神采奕奕地讲述他过去的故事。

小时候，奶奶曾给他讲过"抢皇陵"的故事。祭祀皇陵的时候，要用到一对牛、一对羊、一对鸡、一对鸭、一对鹅和一对骆驼。祭祀之后，牛羊等大的祭品由守陵户分了，鸡鸭鹅之类的小祭品由大家伙去抢，这就叫"抢皇陵"。

在工地发掘的时候，搬砖、搬石头经常会碰到蝎子，别人都害怕，刘守山不怕，蝎子也不蜇他，运气好的时候一天抓一二十只。老坟地阴暗潮湿，最适合蝎子生存，我见过刘守山抓过的最大的蝎子长8厘米左右。抓多了就给刘江山带回家，炸了，配上虾片是极好的下酒菜。每到这个时候，就叫上考古队，到他们家喝酒去。

牧羊人刘守山抱着刚出生不久的两只小羊羔

当地妇孺皆知，九龙山上面的山顶叫皇陵尖。山里有个皋塔，两层高，传说下面压着的是金兀术墓。之所以称皋塔，指的是牛皋，也就是《说岳》中说的"气死金兀术，笑死牛皋"那两人。这是传说中的故事，也是刘守山讲的。

刘江山是他的亲兄弟，年轻时下过煤窑，过早地得了职业病，哮喘，冬天犯病更厉害。以他的条件可以经常去疗养院疗养，但是他很少去疗养院。他说："疗养院的空气不如山里的好。"只要在家，每天早上起床特别早，然后去山上遛弯儿。有一天上午刚上班，他和我说："黄老师，今天早上5点多钟，我去山上遛弯儿看见两个人，鬼鬼祟祟地要拓咱们的石碑，我老远一喊，他们拿着工具跑了。我一直看着，怕他们一会儿还来……"我知道很多业余考古爱好者惦记着金陵出土的资料，发掘前我们便在主陵区范围内围上铁丝网，以示警诫，但也免不了仍有好奇之人，干些偷偷摸摸的事。那时候刘江山和甄淑兰两口子已经在考古队参加发掘工作。除了刘江山发现的石碑外，甄淑兰在石桥下面的排水沟中找到一个铜坐龙。2022年11月3日，我去金陵采访甄淑兰，时隔20年了，她仍保留着当时参加金陵考古队发掘工作时的工作胸牌，刘江山是警戒区内中心区74号，她是中心区76号。

刘江山、甄淑兰当年发掘时的胸牌

他的大儿子刘刚，主要工作是协助中国社科院考古研究所高级工程师郭义孚先生测绘金陵，同时兼顾着巡山守陵，工作也非常认真负责。有一天晚上刘刚在山上值班，都10点多了，考古队的人在工作站看电视、聊天。只见刘刚跑到考古队气喘吁吁地说："从九龙山下来个人，让我逮着了，我把这个人带来了……"刘刚把他当"盗墓贼"了。被逮这小伙子，30多岁。不知道是害怕呀，还是冻的，浑身发抖，着急忙慌地解释："我不是盗墓的，我是'驴友'，白天和几个人登山……走散了……在山里迷路了。我看山下有灯光……就深一脚浅一脚地跑下山……"哆哆嗦嗦地把话说完之后，我看此人也不像"盗墓贼"，询问后，让刘刚把他送出龙门口村，顺山路走下山了。

2005年9月，我从金陵考古队退休，把看山守陵的任务交给了刘江山、甄淑兰两口子。说是两口子，实际上是一家子齐上阵。他的大儿子刘刚、二儿子刘然也经常"代班"替父母守护着皇陵，但是只领一个人的工资。2016年，刘江山病逝，甄淑兰一个人守护这片陵寝，20余年，她的背已佝偻，腿脚也不如以前灵活，仍天天巡山守陵。为了方便巡山，自己投资买了一辆电动三轮车，她说皇陵的一草一木她都熟悉。同村的很多人

刘江山别着对讲机，挎着望远镜，守护着皇陵

甄淑兰骑着电动三轮车巡山

觉得守陵耗费时间，每月只有几百元的补贴，着实不挣钱。甄淑兰还曾想过，等自己年龄大了，希望让孩子也来守皇陵。"年轻人有自己的工作，看不上眼，都不愿意干。"

发掘那年，刘江山夫妇养了一条叫"二子"的狗。"二子"小的时候就跟着两人上山，棕毛黑背，嗅觉灵敏，竖着两个耳朵，威风凛凛。刘江山上山时会带上"二子"，老伴儿中午做好饭后，它独自叼着饭篮子上山送饭。

"二子"叼着饭篮子送饭

甄淑兰巡山也会带着"二子"壮胆儿，遇到贼眉鼠眼的人，"二子"几声狂吠就能吓退对方。

2004年，地宫内的龙、凤石椁入藏首都博物馆，地表有价值的文物、石刻大多也被运走，但是仍有人来"踅摸东西"。甄淑兰说："那年，一个'黑大个儿'，经常带人来看一个残破的龟趺。三天两头来，我觉得不对劲儿，就找了个坑，把那王八（龟趺）脑袋一点点给推进坑里埋上了。"隔了10多年甄淑兰仍记得那个人。前几年这个人又来过一次，在墓室附近瞅了一会儿，看见甄淑兰后才离开。

凭借自己多年的经验，甄淑兰能轻易辨别哪些人是游客，哪些人是"盗墓贼"。"一般游客都是走道儿；他们（盗墓贼）

不是，专挑没人的地方走。一般游客看看，拍照完了就走；他们不是，得待好一会儿，这里摸摸，那里扒扒，眼神都不一样。"每到这会儿，甄淑兰便会带着"二子"上前，盗墓贼就灰溜溜地走开了。

一次巡山时，甄淑兰看见一个男的正在搬一块沟纹砖。甄淑兰大吼一声，"二子"也冲上去，那个人扔下砖就跑了。甄淑兰叫回"二子"，然后把沉甸甸的沟纹砖一块一块地挪进值班室锁了起来。

就这样，两人一狗，看守着大山深处的一座古墓，防备着许多双觊觎的眼睛。

2012年，北京"7·21"特大暴雨，金陵冲出了新文物。是时，甄淑兰夫妇巡山，在河边一眼瞅见一个圆圆的铜器。甄淑

两人一狗守护着山陵

兰不顾河水湍急，赶忙下去将它捞上来。为此，原北京市文物研究所特意给她颁发了荣誉证书。这本红色的证书内页写道："甄淑兰同志在

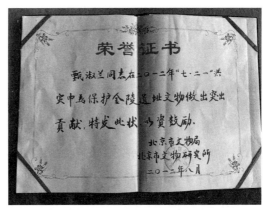

北京市文物局、北京市文物研究所颁发的甄淑兰为保护文物做出突出贡献证书

二〇一二年'七·二一'洪灾中为保护金陵遗址文物做出突出贡献，特发此状，以资鼓励。"

2016年，刘江山病逝，"二子"围着刘江山的轮椅一圈圈打转。2017年，"二子"因年岁太大，也上不了山了，最后还是走了。一人一狗，相继离开了甄淑兰，但金陵的风景依旧如昨。"二子"活了14岁，守了13年皇陵。甄淑兰把"二子"埋在了九龙山下，就在离丈夫刘江山墓不远的地方。

如今，随着老伴儿和"二子"相继离世，巡山守陵变成了甄淑兰一个人的事情。游客稀少，空荡荡的山总会让她觉得孤单。甄淑兰说，她就尽量不去想往事，等时间长了，也就慢慢好了。她又重新养了一条狗，但怎么都觉得不如"二子"聪明机灵，也不会带它一起上山。她在山上待的时间更长了。

2017年5月6日傍晚，她下山时发现路边停着一辆车，一个老人，还有一个年轻人背着很大的包。她听看山人说背包里

有仪表盘之类的东西。"……我想着可能是探测仪。"因放心不下，当晚9点多了，她又上山一次，见那辆车还停在路边，就喊儿子上山拍照传给文管所。好在最终没有发现有什么东西丢失，心里的石头才算落下。如今甄淑兰年纪大了，腿脚也不方便了，她拄着拐在山间溜达，用粗糙的手摸摸台阶，摸摸石碑。她说对金陵有责任，"我看着这些东西多少年了，如果真有东西丢了，我心里肯定过意不去。"孩子们在外工作，但对母亲的行为很理解，甚至在母亲外出期间会"代班"看陵。甄淑兰说，一家人和皇陵、和文物有缘，等哪天自己没力气上山了，她也心甘了。

2022年初冬，我和陈亚洲、好友刘海泉到甄淑兰家采访，我想找一些老照片，再让她讲一些巡山守陵时的故事。

笔者采访甄淑兰

她特意穿了一件红毛衣外套，把院子、屋里收拾得干干净净、清清爽爽，迎接我们的到来。一进门我发现屋内墙角的柜子上，琳琅满目地摆满了各种奖状、奖牌和荣誉证书，其中有北京市委宣传部、首都精神文明建设委

员会办公室、北京妇女联合会颁发的
"首都最美家庭"证书；有北京市文物
局颁发的"甄淑兰同志：感谢您对北
京市文物保护工作做出的贡献"的奖
牌；有《新京报》"第十三届感动社区
人物评选"：《追梦人——甄淑兰、刘
江山夫妇·山村两口子守护皇陵十八
年》文章报道和房山区精神文明建设

北京市委宣传部发的
"首都最美家庭"证书

委员会颁发的"文明家庭"及"荣誉证书"；还有刘江山的二
儿子刘然在"平安北京、平安房山"摄影比赛中的作品《风雨
无阻 金陵守护人》荣获优秀奖的荣誉证书，等等。

这些奖牌、荣誉证书，着实令我刮目相看，虽然离开金陵
考古工地17年了，今天才真正了解甄淑兰。她不但对工作有一
颗火热的心，对子女的教育也是成功的，而且自己也以身作
则。除了守护金陵的任务之外，她在家里面还要照顾一个无儿
无女瘫痪在床22年之久的二伯哥。大伯哥刘守山前儿年也半身
不遂了，偶尔也要去他家帮助照看一下。试想甄淑兰也是70岁
的老人了，同时照顾两个行动不便的老人，这是常人难以想象
的艰辛，也是大多数人做不到的，因此得到北京市委宣传部颁
发的"首都最美家庭"等各种荣誉证书，是我们全社会学习的
榜样。

结语　金陵考古四点收获

2001—2003年，北京市文物研究所对北京房山金代皇陵主陵区进行了系统的考古勘探和发掘。通过两年多的田野工作和后期资料整理，获得了诸多成果。

一、初步调查确定金中都金陵的陵域范围

金中都皇陵是经过海陵王、世宗、章宗、卫绍王、宣宗五世60年营建，形成的一处规模宏大的皇家陵寝，面积达60平方公里。海陵王初建陵时，并无陵界，其后陆续增建各陵，需要一个陵区范围界线，并建立围墙、划出禁区，在陵区"其封域内，禁无得采樵弋猎"，即不许在陵界内从事砍柴狩猎活动。世宗即位后，于大定初划界为156里，至大安初又予以调整，缩减为128里。综合文献记载，结合实地考察，陵区禁界"封堠"四至，东界为万安寺西小岭，当在今房山街道羊头岗北

岭，约9公里；南至黄山峪水心，即今黄山店沟，约13公里；西界以龙泉河（今大石河）为界，古代地名辘轳岭，当在今霞云岭、碾盘地山川一线，约13.5公里；北面磁家务孔水洞内有金代题刻"山陵北垂"的铭文，可知此处应是金陵区域北限，即以今大石河为界。

二、陵寝分布密集，严格遵循昭穆制度

考古资料显示，金代帝王陵寝主要分布在大房山东麓，九龙山、连三顶东峪，三盆山鹿门谷。此外，大房山南侧的长沟峪也应有陵墓。建陵初期，出于安葬和谒陵、祭陵的需要，在山陵东端的入陵处建造了行宫磐宁宫，章宗时期又在山陵制高点大房山主峰茶楼顶建离宫崇圣宫和白云亭。

金中都皇陵其平面布局主要由帝陵区、坤厚陵及诸王兆域三部分组成。大金立国后多位帝王、后妃及皇室贵族均葬于此。九龙山是金陵的主陵区，它始建于金海陵王贞元三年（1155），是大房山皇陵开始营建的标志。贞元三年十月，诸陵竣工。经考古发掘确定，在金中都九龙山主陵区瘗葬五座帝陵及始祖以下十帝陵。山陵礼成后海陵王完颜亮首先将其祖父金太祖阿骨打睿陵、叔太宗吴乞买恭陵、父德宗宗幹顺陵，由金上京会宁府（今黑龙江省阿城市）迁葬至金中都九龙山皇陵，"亮寻毁其寺"，凿穴为陵，并将太祖、太宗、德宗三陵并排葬在"寺基之上"。其间距仅1.5米，在历代帝王陵寝中是很罕

见的。

中国传统文化十分讲究尊卑长幼，并将其纳入国家礼制。《周礼·春官·小宗伯》就有"辨庙祧之昭穆"的记载。礼制规定，皇家陵寝以始祖居中，二世、四世、六世位于始祖左方，称"昭"；三世、五世、七世位于右方，称"穆"；用来分别宗族内部的长幼、亲疏和远近。金代海陵王迁陵时，将金朝开国皇帝金太祖阿骨打葬在中间位置，将太宗和德宗葬在太祖陵两侧，其形制相同，均凿地为穴，只是大小不同而已。发掘资料表明，在太祖睿陵西侧，发现长20余米的宽大陵墙，同时在清代小宝顶西侧，也有一道较窄的陵墙，长约40米。在其拐角处，向北另砌两道陵墙，该墙在1918年日本古建筑学家关野贞考察金陵时，还残存于地面上。陵墙将太祖、太宗、德宗陵围成一个相对独立的单元，与其南的世宗兴陵（M9）相分隔，但又不失山陵整体庄严的王者气象和融于大自然的气氛。20世纪80年代中期调查金陵时，曾在太祖陵西侧发现"睿宗文武简肃皇帝之陵"石碑。睿宗陵为景陵。睿宗即完颜宗尧（初名宗辅），金世宗之父。睿宗于天会十三年（1135）卒于妫州，终年40岁，葬于上京胡凯山，陪葬睿陵。世宗即位，追封其为立德显仁启圣广运文武简肃皇帝，庙号睿宗。大定二年（1162），世宗在九龙山太祖睿陵西南侧为其营陵，从上京奉迁睿宗梓宫于大房山，十月戊子，葬睿宗于九龙山，号景陵。大定二十九年（1189）正月癸巳，世宗完颜雍卒于福安殿，享年67岁。己亥殡于大安殿。三月辛卯朔，尊为光天兴运文德武功圣明仁孝皇帝，庙号世宗。四月乙酉，章宗遵照世宗生前"万岁之后，当置朕于太祖之侧"的遗嘱，葬世宗于九龙山太祖睿陵的西南侧，号兴陵。世宗、睿宗两座帝陵葬在太祖睿陵的陵墙外，世宗（M9）北侧的陵墙遗迹尤为明显。

史书记载，金显宗裕陵、金章宗道陵均葬在九龙山。在主陵区东南侧柳家沟一带发现大量的石建筑构件，包括鸱吻、斗拱、台基条石等。按昭穆制度推测，显宗裕陵、章宗道陵是否葬于此区域，有待考古发掘证实。

大房山主陵区内，在方圆不足百亩的区域，埋葬着五位帝王，陵寝分布之密集，超过历代帝王，但其严格遵循昭穆制度得到文献和考古资料的共同印证。

三、探明了金代皇陵地宫形制及金陵的清代建筑遗迹

金太祖阿骨打陵（M6）是此次唯一进行抢救性科学发掘的陵寝。它位于九龙山主峰下，其地宫形制为凿穴为陵，即石圹竖穴墓，四壁为岩石，无墓道。地宫内瘗葬四具石椁，两具素面石椁为南北葬，两具雕刻龙纹和凤纹石椁为东西葬。其中龙纹石椁被砸毁，仅残留东侧椁壁，外壁雕刻祥云团龙纹。其北侧相距50厘米，即雕刻祥云凤纹的石椁完好无损。椁四壁敷以松香，椁壁剔地起花刻双凤纹并敷以金箔，出土时富丽堂皇。考古资料显示，阿骨打陵地宫在明天启年间，被明政府军捣毁并放火焚烧。清朝入关后，自顺治到乾隆年间，几代皇帝

为祭祀先祖，曾多次下旨修葺金陵，并重点修葺金太祖阿骨打地宫。他们先将被砸毁的龙椁碎石块归拢一起重新掩埋，然后回填2.5米厚的纯净细黄土，夯实后铺一层朱砂，其上放巨大的石头。除东北角有一扰坑外，其他巨石并无扰动。

在发掘期间还清理出大量的清代建筑遗址，这也是金陵考古工作的成果之一。位于金太祖阿骨打地宫西北约15米处，发现一处圆形封土堆，俗称"大宝顶"，直径约13米，底部用清代大长方砖围砌，上部用三合土夯筑后糯米灌浆。此封土堆应该是清代回填阿骨打地宫后垒砌的。清政府为了祭祀之需，在其西北侧筑造了宝顶、宝城、享殿和碑亭等建筑。

金世宗陵（M9）稍偏北亦有一处略小的砖砌封土堆，俗称小宝顶。这也是清代修葺金陵时修筑的。除了宝顶、宝城、陵墙外，还在世宗陵前立御制碑。碑与残碑亭至少在1918年日本学者关野贞考察金陵时还保存完好。20世纪70年代，"农业学大寨"期间，农村平整土地，修建梯田，碑亭和御制碑被炸毁无存。

四、通过考古发掘，总结金中都皇陵有如下特点

第一，以山为陵，藏风聚气。

我国古代帝陵以山为陵的传统由来已久。以唐朝为例，22位皇帝，除昭宗李晔的和陵在今河南省洛阳市，哀帝的温陵在今山东省菏泽市，殇帝李重茂无陵，其余全部葬在陕西关中地

区。它们分布在东起浦城、西抵乾县，绵亘达300余里的山峦上。虽然各个陵园情况不一，但有一点是共同的：绝大部分因山为陵，从山腰横向凿墓道，达主峰之下，筑地宫为穴。皇陵因山而筑，藏风聚气，埋藏深固，目的是不被后人盗掘；陵墓大多背山面水，这既符合传统的风水理念，又在感官上达到宏伟壮观的皇陵气势。

当然，历代皇陵的布局还是要因地制宜的。都城在汴梁（今河南省开封市）的北宋，其皇陵建在今河南省巩义市，显著特点之一，就是风水理念一反常规，与传统帝陵选址不同。北宋皇陵在汴梁以西较远处，分布在巩义市孝义镇之南、洛河以东、汜水以西、中岳嵩山之北几十平方公里的大地上，都在面山背水的低洼地带。

女真族在建国之初尚没有严格的丧葬制度。金灭辽后，吸收了大批汉族官吏，也吸收了汉族先进深厚的文化。金朝的皇陵制度就是仿照汉族的文化传统，而且主要承袭的是唐代传统。首先沿袭唐代以山为陵的丧葬制度，但又不尽相同。唐乾陵选址在陕西乾县北6公里的梁山，其地势险要，东为豹谷，从黄土高原台地上拔地而起，有三峰耸立，气势雄伟，北峰海拔1048米，是乾陵的"玄宫"，其地宫在内城的中部，坐北朝南，山腰中部凿隧道长63.1米、宽3.9米，用厚石板砌筑。而金代虽以山为陵，但"凿地为穴"，没有横向墓道。金陵最显著的特点之一，即选址时严格遵照汉文化堪舆学的理念。海陵王决定迁都、迁陵后，派人在太行山脉踏勘选址，历时一年光景，终于选中了大房山云峰寺一带。如今，这里基本上保留着当年原始的地理环境：主陵区北三峰并峙的连山顶，古称"茶楼顶"；大房山主峰猫耳山海拔 1307 米，位于陵区西侧，成为陵区的制高点。陵区周边九道山脊蜿蜒而下，有如九条巨龙环抱着陵区，故称"九龙山"。此处原有云峰寺，海陵王毁寺建陵，又根据"风水穴"需要将当地水系做了适当的人为调整，其设计独具特色。

第二，严格遵照汉文化中的堪舆学理念。

房山金陵在选址上，严格遵从了堪舆学的规则。大房山主峰猫耳山海拔 1307 米，位于陵区西侧，成为陵区的制高点，陵区周边九道山脊蜿蜒而下，有如九条巨龙环抱着陵区，故称"九龙山"。九龙山北接连三顶，有明显的"行龙"痕迹。九龙山低于连三顶，符合"玄武垂首"之说。九龙山之东有绵延逶迤的山冈，是明显的皇陵"护砂"，符合"虎踞山林"的"右弼"之说。九龙山西北侧山谷中有泉水涌出，向东南流淌，千年不断，也是明显的皇陵"水砂"，符合"朱雀起舞"之说。九龙山对面的石壁山，是金陵的"影壁山"，又称"朝山"或"彼岸山"。石壁山中央有凹陷，堪舆学上将其解释为皇帝批阅公文时休息搁笔之处，故又称"案山"。金陵的主陵——太祖睿陵恰坐落在九龙山主山脉与"影壁山"凹陷处的罗盘子午线上。

金中都皇陵是以山为陵的"万吉之地"，因此在建陵伊始，一方面考虑到防洪排涝的问题，另一方面从风水学考虑"以水聚财"。《葬经》曰："气，乘风则散，界水则止。"位于"万吉之地"前的"水"有助于生气在风水穴中聚止，风水穴即自主山传递下来的生气的聚结处。吉利的水道不能与山脉走向平行，因为这样一旦山洪暴发，水流横冲直撞将会冲垮山陵，则不吉。所以，海陵王在九龙山营建山陵的同时，即在太祖陵东西两侧的山谷中，修筑两条大型水道，即排水沟。其中东侧水道保存完好，为了不让山谷中洪水直冲主陵区诸陵，在每条山谷底部筑起一道拦洪坝，将山谷中的流水导入排水沟。该排水沟为封闭式，随山就势，用巨石垒砌，陡峭之处用石块砌筑台阶，沟顶用条石封盖。西侧排水沟入水口已破坏无存，但保存一条由西北向东南流的暗沟，经神道南端的石桥与东排水沟会合。在山陵的西南侧还有数条石槽式小的龙须沟，山间的泉水自山中蜿蜒迂曲，如同潺潺溪水，流速平缓，好像正从山脉中流出而拥抱吉地，水流逶迤前行，荡荡悠悠，好像满怀留恋之情，一步三顾穴，则吉。

由此可见，金陵主陵区的平面布局，在礼制和使用功能诸方面，都是经过精心周密规划而设计的，从而符合中国传统堪舆学的理念。

第三，陵上建享殿的独特方式。

早在20世纪80年代调查金陵时，就在太祖阿骨打睿陵地宫所在处发现有享殿建筑遗址，面阔三间，宽16米、进深12.2米、台基高0.5米，地面整齐有序排列着16个方形柱础，台基上曾有压栏石和沟纹砖，推测是建筑在太祖陵上的建筑。2002

年再次清理金陵遗址时，又发现房屋建筑遗址，其中F2、F4房址之下，有金世宗兴陵的地宫，在其东侧70余米的F1建筑下也有石穴，只是规模略小。这种建筑方式文献中没有记载，只是在金初，金太祖薨逝后，太宗葬太祖于"宫城之西南，建宁神殿于陵上，以时荐享"。《魏书》卷一百《勿吉列传》记载，女真先祖勿吉有葬俗为："其父母春夏死，立埋之，冢上作屋，不令雨湿；若秋冬，以其尸捕貂，貂食其肉，多得之。"据此是否可以说，房山金陵发现的这种地宫上有房屋建筑的做法，是效仿金初的做法，或者说是追寻更早祖先的遗风呢？这种推测可备一说，但是上述两种文献记载的说法也是有其特定情况的。金初在太祖陵上建宁神殿，"以时荐享"，是因为金初无宗庙之制，在祖陵上建宁神殿是为了祭祀之用。熙宗时，改葬太祖于和陵，未见有陵上建殿的做法。至于勿吉"冢上作屋"的作用是"不令雨湿"，而没有明确其有祭祀的用途。①

第四，精美的石雕艺术。

房山金陵主陵区内100米长的神道北端石踏道上，有十分精美的汉白玉雕龙栏板及牡丹纹栏板，就连踏道面上也都雕刻着缠枝花纹，是国内皇陵首次发现。主陵区发现大量的以龙凤为装饰题材的金代刻石，其中有大小不一、各式各样的汉白玉雕石坐龙、双龙追逐纹石栏板、青白石雕盘龙柱，以及龟跌碑座

---

① 丁利娜：《北京考古史·金代卷》，北京燕山出版社2013年版，第98页。

等。凡是带有龙纹及雕龙的刻石，均在天启年间"断龙脉、斩龙头"时被全部捣毁龙头，就连太祖阿骨打地宫内的龙纹石椁也遭此一劫。但是，幸免于难的龙椁东壁挡板团龙图，高1.52米、宽1.2米，分三区构图：外圈饰卷草纹，勾连不断，规律流畅；中区左右两侧雕祥云纹，云纹盘曲回环，宛若花枝；内区一龙，首尾旋绕，身躯粗健，足腿刚劲，角爪锋利，鳞甲欲动，间衬以小朵流云，疏处不空，密处不挤，优美洒脱而充满雄浑的气势。如此精美的石刻作品，其画稿、刊石，均应为当时的国手所为。

凤纹石椁位于龙椁北侧，与龙纹椁并列，东向。椁身用整块汉白玉石雕凿而成。椁身长2.48米、高1.52米、宽1.2米，椁身四壁外侧及椁盖满雕凤纹贴金箔，富丽堂皇。纹饰制作工艺为剔地浅浮雕加刻画，线刻刀口内填金粉。椁身两壁及椁盖饰双凤纹，东西挡板则雕团凤纹。除主题纹饰改为凤鸟纹外，构图、布局和刻画风格均与龙椁一致。椁身内侧饰阴线刻双凤纹涂金粉，周饰卷草，间缀以流云，线条飘逸，描画精细，制作工艺复杂。为我们研究金代石刻留下了弥足珍贵的实物资料。

金代皇陵的神道、台阶及各种龙凤纹石雕装饰，承袭了汉唐时期帝王陵园的基本要素，使陵园这种地标式建筑物内容更加充实，更加臻于完美。

北京金中都皇陵填补了中国历代帝王陵墓考古的一个缺环。金陵作为中国金朝女真族营建的帝王陵墓群，比明代十三陵早260余年，是北京第一个皇陵群。它的衰落从明代开始。在明天启以前，金陵还是享受祭祀与保护的。明天启二年（1622），因东北后金政权崛起，明统治者听信形家之说，认为后金的兴盛与金陵"地脉相关"，于是他们捣毁了山陵，劚断地脉，使得金中都陵园遭受重创，几近泯灭。清朝建立后，顺治、康熙、乾隆诸朝重新维修金陵，设守陵50户，每年春秋致祭享，并几度修葺房山金陵，立顺治、康熙御制碑。但是清代对金陵的修葺，远未恢复原貌。此后经历300余年的变迁，金陵又遭到多次盗掘。20世纪70年代，平整土地，建造梯田，陵区内的地面建筑已荡然无存。

金中都皇陵大事记

约10世纪初

函普为完颜部酋长，后被尊为金始祖景元皇帝。

约11世纪初

献祖绥可率领完颜部女真由"仆斡水之涯"（今牡丹江流域）迁居海姑水（今阿什河支流大海沟）、按出虎水（今松花江支流阿什河）定居。开始"耕垦树艺，始筑室，有栋宇之制，人呼其地为纳葛里"。"纳葛里"者，汉语"居室"也。子昭祖稍以条教为治，部落寝强。辽以惕隐官之。

辽太平元年（1021）

景祖乌古乃诞生。自始祖至此，已六世矣。

辽重熙八年（1039）

世祖劾里钵（景祖第二子）诞生。

辽重熙十一年（1042）

肃宗颇剌淑（景祖第四子）生，自幼机敏善辩。其兄当政時，身居国相，尽心匡辅。

辽重熙二十二年（1053）

穆宗盈歌（景祖第五子）生。

辽清宁七年（1061）

康宗乌雅束（世祖长子、太祖长兄）生。

辽咸雍四年（1068）

七月初一，金太祖完颜阿骨打（世祖第二子）生。

辽咸雍五年（1069）

五国部蒲聂部节度使拔乙门叛辽。景祖以妻多保真和子劾者为人质，假意和好拔乙门，然后突袭并擒获拔乙门，献给辽朝，辽帝因其功授为生女真节度使。辽称"太师"，金称"都大师"。

辽咸雍八年（1072）

十月，五国没拈（抹捻）部谢野勃堇叛辽，鹰路不通。景祖伐之，谢野来御。景祖力战破敌，谢野军败溃散。

即往见辽边将达鲁骨报功，行至涞流水时病，返回家中卒，时年52岁。

辽咸雍十年（1074）

世祖劾里钵受辽命袭任节度使。

辽大安八年（1092）

五月，世祖病重，对其弟穆宗盈歌说："乌雅束柔善，若办集契丹事，阿骨打能之。"十五日，世祖卒，在位19年，终年54岁。景祖第四子世祖母弟颇剌淑自国相袭节度使，史称

"肃宗"。

辽大安九年（1093）

派阿骨打以偏师伐泥厖古部帅水抹高海村跋黑，自此寇贼皆息。

辽大安十年（1094）

八月，肃宗颇剌淑卒，终年53岁。景祖第五子盈歌袭节度使，史称"穆宗"。任命其长兄劾者子撒改为国相。

辽寿昌六年（1100）

劾者守阿疏城，阿疏逃往辽国，留可来降。

辽乾统元年（1101）

辽派使者持赐物来赏平鹰路有功者。

辽乾统二年（1102）

辽命穆宗讨萧海里。募军得甲千余，女真兵甲之数始见于此。阿骨打突战，海里中流矢坠马被杀，取首级派阿离合懑献于辽。穆宗朝见辽帝耶律延禧，被嘉赏。

辽乾统三年（1103）

穆宗卒，侄子乌雅束袭位，是为康宗。

辽乾统四年（1104）

高丽犯女真，石适欢破之。高丽请和。

辽乾统六年（1106）

高丽派黑欢方石来贺袭位。高丽背约杀金使者阿聒、胜昆，筑九城于曷懒甸，以数万兵来攻。斡赛败之。斡鲁亦筑九城相对。高丽再攻不胜，退九城之军，九月罢兵。

辽乾统九年（1109）

霜灾，不收成，金康宗乌雅束谕赈贫。

辽天庆二年（1112）

二月，辽帝耶律延禧混同江春捺钵，阿骨打替兄乌雅束朝见，头鱼宴罢舞。

辽天庆三年（1113）

十月，康宗乌雅束卒，终年53岁。太祖阿骨打袭位为都勃极烈。

辽天庆四年（1114）

九月，阿骨打集女真兵2500人在涞流水南岸誓师伐辽。十月陷宁江州城。阿骨打制定猛安谋克制。十一月出河店大捷，以3700人破辽兵10万人，女真兵满万人。

金收国元年（1115）

正月初一，阿骨打即皇帝位。国号大金，建元收国。七月，以弟吴乞买为皇储谙班勃极烈。九月攻陷黄龙府。十二月在混同江畔击败辽帝的亲征军。

收国二年（1116）

闰正月，渤海人高永昌在辽阳叛辽。

五月，金军攻辽阳，斡鲁等败永昌，挞不野擒永昌以献，戮之于军。东京州县及南路系辽籍女真皆降。

九月，辽臣耶律淳募辽东饥民组成怨军。

十二月，太祖阿骨打受尊号为大圣皇帝。次年改元天辅。

天辅元年（1117）

五月，金太祖下诏"同姓为婚者，杖而离之"。

八月，高丽遣使来请保州。宋徽宗派使节假称买马，从山东半岛经由海路赴金，但并未成功。

十二月，金军破耶律淳于蒺藜山，出击辽西。是月，宋使登州防御使马政以国书来，共略曰："日出之分，实生圣人。窃闻征辽，屡破劲敌。若克辽之后，五代时陷入契丹汉地，愿畀下邑。"

天辅二年（1118）

二月，辽使耶律奴哥等来议和。

闰九月，宋使马政抵金提议夹击辽。使散睹（小散多）如宋，合议合力攻辽事。

天辅三年（1119）

正月，东京人为质者永吉等五人结众叛。事觉，诛其首恶，余皆杖百。

六月，辽遣太傅习泥烈等奉册玺来，金太祖摘册文不合者数事复之。

八月，完颜希尹制成女真大字颁行。

天辅四年（1120）

二月，宋使赵良嗣、王晖来议夹击辽燕京、西京地。

四月，金太祖阿骨打亲率金军攻陷辽上京，宋金夹击辽之议趋于成熟。

九月，金使赴宋。

十一月，宋使马政抵金，订立海上之盟约。

十二月，宋复使马政来请西京之地。

天辅五年（1121）

四月，完颜宗翰请伐辽。

五月，辽都统耶律余睹降金。

六月，诏谙班勃极烈吴乞买为贰国政。

天辅六年（1122）

正月，金军攻陷辽中京，辽帝西逃。

四月，金军攻陷辽西京，辽帝逃奔郏山。

五月至十月，童贯、蔡攸攻燕京失败。

六月，太祖亲征辽，发自上京。谙班勃极烈吴乞买监国。

八月，次鸳鸯泺。追辽主于大鱼泺。

十二月，金太祖伐燕京。

天辅七年（天会元年，1123）

正月，辽将奚王回离保僭号称帝。金军抵燕京，辽臣左企弓等降金。

四月，金把燕京及其蓟、景、檀、顺、涿、易六州割让给宋，宋军进驻燕京。金军捕获耶律大石，不久耶律大石逃离金营，投靠辽帝。金设枢密院于广宁。

五月，南京留守张觉据城叛金。

六月，阿骨打班师。

八月，阿骨打病死于部堵泺西行宫，终年56岁。

九月，梓宫至上京，葬在皇帝寨宫城西南，建宁神殿。吴乞买即位，是为金太宗。改元天会。

天会二年（1124）

正月，金与西夏议和，西夏奉表称藩。

三月，宋军压制常胜军的计划失败。

四月，以宗翰经略西夏及破辽功，赐以十马，使自择其二，余以分诸帅。

五月，宗望攻取平州，不久将广宁枢密院移于平州。耶律大石脱离辽帝自立。宋贺吴乞买登位，派使许亢宗启程使金。开始营建上京城及宫殿。

天会三年（1125）

正月，宋、夏遣使来贺金太宗即位。

二月，金军完颜娄室擒获辽帝耶律延禧于余睹谷，辽国灭亡。

八月，辽天祚帝耶律延禧被押上京，告捷于太祖庙。降封天祚帝为海滨王。

十月，金军伐宋，以谙班勃极烈杲兼领都元帅。

十二月，郭药师降金。宗望军占领燕京。宗翰军围太原，宗望东路军直取宋都开封府。是月，宋徽宗让位于皇太子赵桓（钦宗）。金将平州枢密院移至燕京。

天会四年（1126）

正月，宋徽宗逃离开封。金将宗望进攻开封，迫使宋乞和，宋以康王赵构、少宰张邦昌为人质。宋上誓书、地图，称侄大宋皇帝、伯大金皇帝。宋金缔结城下之盟，金军班师北归。

六月，高丽向金称藩。

七月，宋挑唆耶律余睹谋反，被金人发觉。

八月，金军伐宋。

闰十一月，宗翰的河南军和宗望的河北军攻取开封。

十二月，宋钦宗出降。金在会宁府置尚书省，下设司、府、寺。

天会五年（1127）

二月，诏降宋徽、钦二帝为庶人。

三月，立宋张邦昌为大楚国皇帝。

四月，宗翰、宗望押解徽、钦二帝以下宗室3000人北归。

五月，徽宗第九子康王赵构在应天府即位，史称"高宗"。

九月，高宗赐张邦昌死。

十月，金兀术追高宗，宋高宗逃至扬州。金军着手经略山东、山西、河南、陕西。

天会六年（1128）

八月，以宋徽、钦二帝着素服见太祖庙。

十月，金军继续攻伐华北。宗翰军破裔庆府，有欲盗孔子墓者，宗翰得知孔子圣人也，杀欲盗孔子墓者，墓得保全。金把徽、钦二帝移往韩州。

十二月，宗弼取开德府，宗辅克大名府。济南府刘豫降金。

天会七年（1129）

二月，完颜宗弼（金兀术）穷追宋高宗不舍，宋高宗由扬州至杭州。

三月，宋人苗傅、刘正彦发动兵变，一度迫使高宗退位，史称"明受之变"。

四月，高宗离开杭州到建康。

八月，高宗惧怕金军来攻，逃离建康到越州。

九月，宗弼败宋兵于睢阳。

十二月，金军渡长江，追击高宗，高宗由越州到明州，又由明州至定海，从定海由海路南逃。

天会八年（1130）

正月至二月，金军追击高宗，高宗逃至温州避难。

正月，宋尚书左仆射、江淮宣抚使杜充降于金军。

四月，高宗返回越州，并在此置行宫。

九月，徽、钦二帝被徙至五国城。金立刘豫为齐国皇帝，定都于大名府，后迁至东平府。谙班勃极烈都元帅呆去世。

十一月，秦桧由金归宋，任礼部尚书。

十二月，完颜娄室卒于军中。

天会九年（1131）

八月，秦桧任宰相。

十月，宋将吴玠、吴璘大破金军于和尚原，宗弼败绩。

十一月，金把陕西之地交给刘齐。

天会十年（1132）

正月，高宗由越州返回临安府（今浙江省杭州市）。

四月，金太祖嫡孙完颜亶任谙班勃极烈。皇子宗磐、宗干、宗翰分别任国论忽鲁勃极烈、国论左勃极烈、国论右勃极烈兼都元帅。齐都迁至汴京。

九月，宋使王伦自金反宋，将金讲和条件转告宋方，两国使节往返于宋金之间。

九月，元帅右都监耶律余睹谋反，被杀。

天会十一年（1133）

正月，齐、高丽、夏遣使来贺。金军一部由陕西出击汉水上游，然后撤兵。

九月，宋任命刘光世、韩世忠为宣抚使，岳飞为制置使。

天会十二年（1134）

九月，金齐联军入淮南。

十月，宋将刘光世、韩世忠等大破金齐联军。

天会十三年（1135）

正月，金太宗崩于明德宫，年61岁。金太祖阿骨打之孙、谙班勃极烈完颜亶即皇帝位于枢前，史称金熙宗。

二月，追谥太祖后唐括氏曰圣穆皇后，裴满氏曰光懿皇后。追册太祖妃仆散氏曰德妃，乌古论氏曰贤妃。辛酉，改葬太祖于和陵。

三月，谥大行皇帝曰文烈，庙号太宗。乙酉，葬太宗于和陵。宗翰被夺兵权。

四月，宋徽宗卒于五国城。

五月，左副元帅宗辅薨。

九月，金熙宗追谥其父宗峻为景宣皇帝，庙号徽宗。追谥其母蒲察氏为惠昭皇后。改葬景宣皇帝及惠昭皇后于兴陵。

天会十四年（1136）

正月，金太祖钦宪皇后纥石烈氏卒于庆元宫。

二月，上尊谥钦宪皇后，祔葬睿陵。

三月，以太保宗翰、太师宗磐、太傅宗幹并领三省事。

八月，追尊九代祖以下曰皇帝、皇后，定始祖、景祖、世祖、太祖、太宗庙皆不祧。

九月，齐军进攻淮西，被击退。制石刻《禹迹图》、石刻《华夷图》。

天会十五年（1137）

正月初一，始颁行《大明历》。宋高宗任命秦桧为枢密使，筹划宋金议和。宋廷接到徽宗亡之讣报。

七月，太保、领三省事、晋国王完颜宗翰薨。丙戌夜，金上京地震。

八月，宋刘光世部将郦琼附齐（淮西兵变）。

十月，以元帅左监军挞懒为左副元帅，封鲁国王。完颜宗弼右副元帅，封沈王。

十一月，金废齐国，降封刘豫为蜀王，诏中外。置行台尚书省于汴京。

十二月，诏改明年为天眷元年。

天眷元年（1138）

正月，颁行女真小字。

二月，诏罢涞流河、混同江护逻地与民耕牧。

三月，以禁苑隙地分给百姓。

四月，命少府监卢彦伦营建宫室，止从俭素。

八月，以京师为上京，府曰会宁，改辽上京为北京。

九月，改燕京枢密院为行台尚书省。

十月，始禁亲王以下佩刀入宫。

十一月，康宗以上十祖画像成，供奉于乾元殿。

十二月，新宫建成。金宋第一次和议达成。

天眷二年（1139）

三月，金将河南、陕西之地归宋。

七月，宗磐等诸王以谋反罪伏诛。以右副元帅宗弼为都元帅，进封越国王。

八月，行台尚书省左丞相挞懒叛逃伏诛。

九月丙申，初居新宫。立太祖原庙于庆元宫。

天眷三年（1140）

正月，以都元帅宗弼领行台尚书省事。

四月丁卯，熙宗巡幸燕京。

五月，金军再次伐宋，欲夺河南、陕西之地。

六月，宋军破金军于顺昌。

七月，按出虎水溢，冲坏民宅舍。宗弼遣使奏河南、陕西捷。

九月壬寅朔，宗弼来朝。戊申，熙宗至燕京。庚申，宗弼还军中。尚书左丞相完颜希尹被杀。

十一月，以孔子四十九代世孙孔璠为世袭衍圣公。

十二月，都元帅宗弼上言宋将岳飞、张俊、韩世忠率众渡江，诏命击之。丁丑，发生地震。改元皇统。

完颜亮是年十八，以宗室子奉国上将军，赴梁王宗弼军前任使，以为行军万户，迁骠骑上将军。

皇统元年（1141）

正月至三月，金军攻入淮西。

五月，太师、领三省事、梁宋国主宗幹随熙宗返回上京途中病死，上亲临。遂哭之恸，命辍朝七日。

七月，加授宗弼为尚书左丞相兼侍中，都元帅，领行台如故。已酉，宗弼还军中。

九月，熙宗返抵上京。诏建上京孔子庙。是秋，都元帅宗弼伐宋，渡淮。宗弼划淮水为宋金边界。

十一月，稽古殿火灾。

十二月，左丞相完颜勖进呈先朝《祖宗实录》。岳飞在狱中去世，终年39岁。女真人开始移居中原。

皇统二年（1142）

二月，济安太子生于天开殿。诏海惠大师于宫侧建储庆寺，度僧尼，大赦。是月，宋使曹勋来许岁币银、绢各25万两、匹，划淮为界，世世子孙，永守誓言。

四月，韦太后同徽宗梓宫自五国城出发返宋。

五月，熙宗不理朝政，自上年荒于酒，与近臣饮，或继以夜。

八月，高宗生母韦太后返抵临安。

九月，黄河堤济州段溃决。

十二月，太子济安生病，金熙宗与悼平皇后裴满氏在储庆寺祈祷焚香。皇太子济安薨，塑其像于储庆寺，葬于兴陵之侧。金熙宗送葬至乌只黑水而还。

皇统三年（1143）

正月，诏海惠、慧清二位禅师住储庆寺，迎旃檀瑞像供养储庆寺积庆阁。

五月，初立太庙、社稷坛。在大储庆寺为僧道度牒万，太一教始祖萧抱珍来金上京，居金源乳峰山。

十二月，熙宗因皇太子济安夭亡，越发嗜酒贪杯妄杀大臣。

皇统四年（1144）

改太祖和陵为睿陵，太宗陵为恭陵。二月，熙宗巡视东京。

皇统五年（1145）

五月，将女真小字定为御制小字开始使用。参照盛唐辽宋的律令格式颁布皇统制条。

九月，熙宗巡幸东京辽阳，（金世宗母）李洪愿在东京削发为尼，熙宗赐通慧圆明大师并亲书观名。

十二月，增谥始祖以下十帝及太祖、太宗、徽宗。

皇统六年（1146）

二月，右丞相韩企先薨。

三月，以阿离补为行台右丞相。

六月，宋降臣宇文虚中、高士谈以谋反罪伏诛。储庆寺海惠大师圆寂，熙宗命五处立塔，特谥佛觉佑国禅师。

皇统七年（1147）

正月，以西京鹿囿为民田。

六月，横海军节度使田毂等以谋反罪诛。

十一月，诏减常膳羊、豕五之二。

皇统八年（1148）

八月，宗弼进呈《太祖实录》，熙宗焚香受之。

闰八月，宰臣以西林多鹿，请熙宗狩猎，上恐害稼，不允。

十月，太师、领三省事、都元帅、越国王宗弼薨。遣使召太一教创始人萧抱珍来金上京问道，为皇后治病。萧居金源乳峰山炼丹，颇受礼遇，赐太一万寺观额。

十二月乙卯，以右丞相萧仲恭为太傅、领三省事，左丞相完颜亮为尚书右丞相。

皇统九年（1149）

正月，熙宗使小底大兴国赐亮生日，悼后亦赐礼，熙宗不悦，杖兴国百，追其赐物，海陵由此不自安。

四月壬申夜，雷电击坏寝殿鸱尾，熙宗寝殿遭雷火，熙宗奔别殿避之。丁丑，大风坏民居、官舍、瓦木，人畜飘扬十数里，死伤者数百人。

十二月初九，完颜亮、大兴国等人入宫刺杀熙宗。帝崩，时年31岁。完颜亮即位，是为海陵王，改元天德。追谥其父宗干庙号为德宗，名其故居为兴圣宫。

天德二年（1150）

正月，海陵王尊嫡母徒单氏所居为永寿宫，其生母大氏所居为永宁宫。

六月，太祖庙初设四神门及四隅罘罳。诛杀宗室大臣。

十二月，废除行台尚书省，改都元帅府为枢密院。

天德三年（1151）

正月，立春，观击土牛。初造灯山于宫中。初置国子监。

三月，诏建燕京城，建宫室。

四月，诏迁都燕京。有司图上燕城宫室制度，营建阴阳五姓所宜。

闰四月，命尚书右丞张浩调选燕京。命太官常膳惟进鱼肉，旧贡鹅鸭等悉罢之。罢皇统间苑中所养禽兽。

九月，赐燕京役夫帛，人一匹。

十一月，诏罢世袭万户官，前后赐姓人各复本姓。

天德四年（1152）

正月，群臣请立皇太子，从之。朝谒世祖、太祖、太宗、德宗陵。

二月，立子光英为皇太子。

贞元元年（1153）

三月，海陵王至燕京，以迁都诏中外，改元贞元。

改燕京为中都，府曰大兴，汴京为南京，中京为北京。

贞元二年（1154）

正月，契丹人右丞相萧裕等谋反被诛。

五月，始设交钞库。

贞元三年（1155）

三月乙卯，命以大房山云峰寺为山陵，建行宫其麓。

五月乙卯，命判大宗正事京等如上京，奉迁太祖、太宗梓宫。丙寅，如大房山，营山陵。

六月乙未，命右丞相仆散师恭、大宗正丞胡拔鲁如上京，奉迁山陵及迎永寿宫皇太后。

七月辛酉，如大房山，杖提举营造官吏部尚书耶律安礼等。乙亥，还宫。

八月壬午，如大房山。甲申，启土，赐役夫，人绢一匹。甲午，遣平章政事萧玉迎祭祖宗梓宫于广宁。

九月戊申，平章政事张晖迎祭梓宫于宗州。己未，如大房山。丁卯，海陵王迎梓宫及皇太后于沙流河。庚午，海陵王亲自狩猎，射獐以荐梓宫。

十月戊寅，权奉安太庙神主于延圣寺，致奠梓宫于东郊，举哀。梓宫至中都，以大安殿为丕承殿，安置。乙未，如蒇宫，册谥永宁皇太后曰慈宪皇后。海陵亲行册礼，与德宗合葬于大房山，升祔太庙。丁酉，大房山行宫建成，名曰磐宁。

十一月乙巳朔，梓宫发丕承殿。戊申，山陵礼成。太祖改葬于大房山，仍号睿陵。太宗改葬大房山，仍号恭陵。钦仁皇后与太宗迁葬大房山，合葬恭陵。熙宗迁葬于大房山蓼香甸，诸王同兆域。

正隆元年（1156）

正月，罢中书、门下省。

二月，改元正隆。谒山陵。

五月，颁行正隆官制。

六月，宋钦宗卒于五国城。

七月己酉，太保昂至上京，奉迁始祖以下梓宫。

八月丁丑，完颜亮如大房山行视山陵。

九月辛酉，奉迁睿宗皇帝梓宫于磐宁宫。

十月，葬始祖以下十帝于大房山。丁酉还宫。闰月己亥朔，山陵礼成，群臣称贺。

正隆二年（1157）

八月，罢上京留守司。削上京之号，止称会宁府。

十月，命吏部郎中萧彦良毁上京旧宫室、诸大族宅邸及储庆寺。初铸"正隆通宝"。

正隆三年（1158）

正月五日，矧思阿补薨。六日，追封矧思阿补为宿王，葬大房山。

十一月，诏令左丞相张浩等营建南京宫室。

正隆四年（1159）

正月，金封闭泗州以外榷场，继续准备伐宋。

二月，宋关闭盱眙军以外榷场。全真教创始人王重阳称在甘河遇仙。

正隆五年（1160）

二月，河东、陕西地震，镇戎、德顺军大风，坏庐舍，人多压死。

八月辛未，谒山陵，见田间获者，问其丰耗，以衣赐之。

正隆六年（大定元年，1161）

五月，西北路契丹人叛金。

六月，完颜亮抵南京（汴京），次安肃州。

九月至十一月，完颜亮率32路总兵伐宋。

十月七日，东京留守曹国公乌禄在辽阳即位，史称金世宗，改元大定。海陵之子光英获二兔，遣使荐于山陵。居数日，复获麇兔，从官皆称贺。赐光英名马弓矢，复遣使荐于山陵。

十一月乙未，海陵王率师在扬州瓜洲渡准备渡江时，被浙西兵马都统制完颜元宜等反军杀害，终年40岁。都督府以其枢置之南京（今河南省开封市）班荆馆。光英被都督府移文讹里也，杀光英于汴京，死时年12岁。后与海陵王俱葬于大房山诸王墓次，即鹿门谷诸王兆域。

大定初，追谥（熙宗）武灵皇帝，庙号闵宗，陵曰思陵。

大定二年（1162）

正月甲戌，世宗谒山陵，完颜可喜谋反，称疾而归，后被诛。乙亥，世宗如大房山。丙子，献享山陵。

二月，海陵王降封为海陵郡王，谥曰炀。世宗使小底娄室与南京官迁其灵柩于宁德宫。

四月，葬海陵王大房山鹿门谷诸王兆域。

十月戊辰，上如山陵，谒睿宗皇帝梓宫，哭尽哀。戊子，睿宗皇帝改葬大房山，号景陵，大赦。钦慈皇后，祔葬景陵。

十二月丁丑，猎于近郊。以所获荐山陵，自是岁以为常。

十二月，世宗诏以"会宁府兴王之地，宜就庆元宫址建正殿九间，仍其旧号，以时荐享"。

大定三年（1163）

正月壬辰朔，高丽、夏遣使来贺。

五月乙卯，中都蝗。诏参知政事完颜守道按问大兴府捕蝗官。

七月庚戌，以太子太师宗宪为平章政事。以孔总袭封衍圣公。

八月乙酉，如大房山。丁亥，荐享于睿陵。戊子，还宫。

大定四年（1164）

正月丁亥朔，高丽、夏遣使来贺。辛亥，获头鹅，遣使荐山陵，自是岁以为常。

三月庚子夜，京师中都地震。

十二月，金、宋两国讲和的条件接近成熟。刊行译成女真小字的经书。复兴女真字学校。再开榷场。

大定五年（1165）

正月，诏泰州，临潢接境设边堡70余座，驻兵13000人。金宋两国的君臣关系改为叔侄关系，改岁贡为岁币，减银、绢各5万两、匹，修改国书形式，建立和睦的邦交。立诸路通检土地等税法。宋再开榷场。复建上京太祖庙。

大定七年（1167）

八月，纥石烈良弼呈《太宗实录》。己未，如大房山。壬戌，致祭睿陵。

大定八年（1168）

正月，上谓宰臣曰："朕治天下，方与卿等共之，事有不可，各当面陈，以辅朕之不逮，慎毋阿顺取容。卿等致位公相，正行道扬名之时，苟或偷安自便，虽为今日之幸，后世以为何如？"

五月甲子，北望淀大震，风、雨雹，广十里，长60里。

六月，黄河决堤李固渡，水入曹州。

十月乙未，命涿州刺史兼提点山陵，每以朔望致祭，朔则用素，望则用肉，仍以次年正月为首。

大定十一年（1171）

正月，黄河决堤，王村、南京、孟州、卫州之界遭灾。

十月，纥石烈良弼进呈《睿宗实录》。决定设女真进士科。

大定十三年（1173）

三月乙卯，上谓宰臣曰："会宁乃国家兴王之地，自海陵迁都永安，女真人浸忘旧风。朕时尝见女真风俗，迄今不忘。今之燕饮音乐，皆习汉风，盖以备礼也，非朕心所好，东宫不知女真风俗，第以朕故，犹尚存之。恐异时一变此风，非长久之计。甚欲一至会宁，使子孙得见旧俗，庶几习效之。"

五月，禁止将女真姓译为汉姓。选取女真进士。

七月，复称会宁府为上京。

大定十六年（1176）

正月，有司言："山陵太祖、太宗、睿宗共一兆域，太庙世祖、太祖、太宗、睿宗亦同堂异室。今于归仁馆兴建太宗殿位，似与山陵、太庙之制不同。"诏从前议，止于衍庆宫各建殿七间，阁五间，三门五间。

大定十九年（1179）

乌林答氏改卜大房山。

十一月甲寅，皇后梓宫至，近百官奉迎。乙卯，车驾如杨村致祭。丙辰，上登车送，哭之恸。戊午奉安磐宁宫。庚申，改葬明德皇后于坤厚陵，永中母元妃张氏陪葬。自磐宁宫发引。永中以元妃柩先发，使执黄伞者前导。俄顷，皇后柩出磐宁宫，世宗子完颜允恭徒行挽灵车。

左光庆典领原庙，坤厚陵、寿安宫工役，不为苛峻，使劳逸相均。

刘玞字伯玉，幼名太平。世宗即位，召为同知宣徽院事，迁太子詹事、右宣徽使，与张仅言典领昭德皇后园陵，襄事太子赠以厩马。张仅言复提点内藏，典领昭德皇后山陵，迁劝农使，领诸职如故。

熙宗升祔太庙，增谥弘基缵武庄靖孝成皇帝。

大定二十年（1180）

熙宗既祔庙，有司奏曰："炀王之罪未正。准晋赵王伦废惠帝自立，惠帝反正，诛伦，废为庶人。炀帝罪恶过于伦，不当有王封，亦不当在诸王茔域。"乃诏降为海陵庶人，改葬于山陵西南40里。

大定二十一年（1181）

敕封山陵地大房山神为保陵公，冕八旒、服七章、圭、册、香、币，使副持节行礼，并如册长白山之仪。其册文云："皇帝若曰：古之建邦设都，必有名山大川以为形胜。我国既定鼎于燕，西顾郊圻，巍然大房，秀拔混厚，云雨之所出，万民之所瞻，祖宗陵寝于是焉依。仰惟岳镇古有秩序，皆载祀典，矧兹大房，礼可阙欤？其爵号服章俾列于侯伯之上，庶足以称。今遣某官备物册命神为保陵公。神敕有司，岁时奉祀。其封域之内，禁无得樵采弋猎。著为令。"是后，遣使山陵行礼毕，山陵官以一献礼致奠。

大定二十二年（1182）

皇太子允恭奏："……海陵无道，弑帝自立，崇正昭穆，消其炀王，俾齿庶人之列。瘞之闲旷，不封不树。"

大定二十三年（1183）

金太祖孙荣王完颜爽卒，世宗命陪葬山陵。

大定二十四年（1184）

三月丙申，金世宗将如上京，命太子允恭居中都（燕京）监国，尚书省进"皇太子守国宝"，上召皇太子以授之。皇太子再三辞让，以不谙政务，乞备扈从。上曰："政事无甚难，但用心公正，毋纳谗邪，久之自熟。"丁酉，如山陵。己亥，还都。壬寅，如上京。皇太子允恭守国。

大定二十五年（1185）

正月，世宗宴妃嫔、亲王、百官、宗室、宗妇等1700余人于光德殿。

四月，幸皇武殿击球。诏速频、胡里改两猛安下选30谋克为3猛安，移置于率督畔窟之地。曲赦会宁府，免本年租赋。宴宗室、宗妇于皇武殿，依次起舞，金世宗自歌女真曲。慷慨悲激，不能成声，歌毕泣下。

六月庚申，皇太子允恭逝于中都承华殿，年仅39岁。世宗别上京还中都，次天平山好水川，讣闻，为位临奠于行宫之南，大恸者久之。灵柩至中都路上，世宗路祭七次，立位奠哭。

七月壬午朔，赐谥宣孝太子。

九月庚寅，殡于南园熙春殿。世宗在大房山为允恭营陵。

十一月，山陵初成，甲申，灵驾发引，世宗路祭于都城之西。庚寅，葬于大房山。世宗本欲加允恭帝号，大臣谏阻乃止。世宗超乎常礼，为允恭建庙于衍庆宫，祭用三献，乐用登歌。

大定二十六年（1186）

六月，金世宗称速频、胡里改诸谋克"其人皆勇悍……朕欲稍迁其民上京，实国家长久之计"。

十一月甲辰朔，定熙宗（当时庙号尚为闵宗）陵庙荐享礼。

是年，有司拟定："太庙每岁五享，山陵朔、望、忌辰及节辰祭奠并依前代典故外，衍庆宫自来车驾行幸，遇祖宗忌辰百官行礼，并诸京祖庙节辰、忌辰、朔、望拜奠，虽无典故参酌，恐合依旧，以尽崇奉之意。"从之。

大定二十七年（1187）

二月，改闵宗庙号为熙宗。

三月，立完颜允恭之子璟为皇太孙，是为金章宗。皇太孙完颜璟谒谢太庙及山陵。

大定二十八年（1188）

九月，元妃李氏与贤妃石抹氏、德妃徒单氏、柔妃大氏俱陪葬于坤厚陵。

十一月戊戌，以思陵狭小，改葬于峨眉谷，仍号思陵。大定间，复熙宗帝号，加谥后为悼平皇后，祔葬思陵。

大定二十九年（1189）

正月壬辰朔，上大渐，不能视朝。癸巳，上崩于福安殿，寿六十七。皇太孙即皇帝位。已亥，殡于大安殿。

三月辛卯朔，上尊谥曰光天兴运文德武功圣明仁孝皇帝，庙号世宗。

四月乙酉，葬兴陵。世宗昭德皇后乌林答氏，从坤厚陵迁出，祔葬兴陵。章宗时，有司奏太祖谥有"昭德"字，改谥明德皇后。

五月甲午，追谥完颜允恭为体道弘仁英文睿德光孝皇帝，庙号显宗。丁酉，祔于太庙，陵曰裕陵。

八月丁酉，章宗如大房山。戊戌，谒奠诸陵，己亥，还都。

九月庚申，诏增守山陵为二十丁，给地十顷。乙酉，如大房山。

冬十月丁亥朔，谒奠诸陵。己丑，还都。

十二月乙巳，祭奠兴陵。

置万宁县以奉山陵。

明昌元年（1190）

金章宗为其母生日塑六十甲子像于天长观。春正月甲子，章宗如大房山。乙丑，奠谒兴陵、裕陵。丙寅，还都。

二月甲寅，如大房山。

三月乙卯朔，谒奠兴陵。丙辰，还都。

明昌二年（1191）

正月，显宗孝懿皇后徒单氏崩于隆庆宫，终年45岁。谥曰孝懿，祔葬裕陵。

四月乙酉，葬孝懿皇太后于裕陵。

大定二十九年置万宁县以奉山陵，明昌二年更名奉先县。有房山、龙泉河、磐宁宫。

明昌四年（1193）

夏四月，丁酉朔，幸兴陵崇妃第。

九月庚午，如山陵，次奉先县。辛未，拜天于县西。壬申，致奠诸陵。

承安五年（1200）

钦怀皇后及妃姬尝有子，或二三岁或数月辄夭。承安五年，帝以继嗣未立，祷礼太庙，山陵。

泰和二年（1202）

八月丁酉，元妃生皇子忒邻，群臣上表称贺。宴五品以上于神龙殿，六品以下宴于东庑下。诏平章政事徒单镒报谢太庙，右丞完颜匡报谢山陵，使亳州谢太清宫。

冬十月戊寅，以皇子生，……报谢于太庙及山陵。

泰和三年（1203）

十一月丁丑，冬猎，以获兔荐山陵。

十二月辛亥，诏诸亲王、公主每岁寒食、十月朔听朝谒兴、裕二陵，忌辰亦如是。

泰和八年（1208）

十二月丙辰，章宗崩于福安殿，终年41岁。大安元年春正月，谥曰宪天光运仁文义武神圣英孝皇帝，庙号章宗。

太安元年（1209）

二月甲申，章宗葬道陵。

三月甲辰，道陵礼成，大赦。

九月，卫绍王如大房山，谒奠睿陵、裕陵、道陵。

章宗钦怀皇后，蒲察氏，大定二十三年，章宗为金源郡王，行纳采礼。十一月，备礼亲迎。诏亲王宰执三品以上官及命妇会礼，封金源郡王夫人，后进封妃，崩。大安初，（章宗钦怀皇后）祔于道陵。

崇庆元年（1212）

置诸陵署，掌提点山陵，正五品，由涿州刺史兼任。官属有令，从六品；丞一员，从七品；直长，正八品。

至宁元年（1213）

八月，金权臣胡沙虎杀卫绍王。

九月，立完颜珣即位，是为金宣宗。宣宗命以礼改葬卫绍王，胡沙虎不同意，宣宗不得已，降封卫绍王为东海郡侯。

开兴元年（1232）

是年本正大九年，正月改元开兴，四月又改元天兴。

夏四月癸亥，明惠皇后陵被发，失柩所在，遣中官往视之，至是始得。以兵护宫女十人出迎朔门奉柩至城下，设御幄安置，是夜复葬之。

明天启元年（1621）

罢金陵祭祀。

明天启二年（1622）

拆毁山陵，劚断地脉。

明天启三年（1623）

建关帝庙于其上，以为厌胜之术。

清天聪三年（1629）

十二月辛酉，遣贝勒阿巴泰、萨哈廉以太牢祀金太祖、世宗陵。

清顺治二年（1645）

春正月丙午，命房山县以太牢祭金太祖、世宗陵。

三月甲申朔，始祀辽太祖、金太祖、金世宗。

清顺治六年（1649）

本朝顺治初，特设守陵五十户，每岁春秋致祭享，殿前碑亭恭勒世祖章皇帝御制碑文……修其颓毁，俾规制如初。

清顺治十八年（1661）

谒泰陵，礼毕，诣房山祭金太祖陵，赉其裔完颜氏官爵、币帛。

清康熙二年（1163）

立《圣祖仁皇帝御制金太祖世宗陵碑》于世宗陵前。

清康熙三十七年（1698）

正月，命皇长子胤禔、大学士桑阿祭金太祖、世宗陵。

清乾隆十一年（1746）

八月辛亥，命修房山县金太祖陵、世宗陵。

清乾隆十六年（1751）

乾隆帝命修茸金太祖、世宗二陵享殿及缭垣，工竣，视诣展谒。

清乾隆十七年（1752）

二月辛酉，修房山县金太祖、世宗陵。

二月，直隶方观承奏，遵旨相度金陵，在房山县北重山之内。金太祖陵前地基稍宽，应增修享殿一，缭以围墙，立正门，其原有之祭台、甬路、阶砌等项，并加修治。金世宗陵前地隘，应增修享殿一，并祭台、围墙、甬路等项，不能立正门。今就碑亭接连栅栏，立两角门，足符体制，并将自房山北门至金陵山路二十里一并修治。奏入报闻。

清乾隆十八年（1753）

二月丙申，上谒泰陵。丁酉，上祭金太祖、世宗陵。诣房山祭金太祖陵，赉其裔完颜官爵、币帛。

清道光二十五年（1845）

八月，完颜勉斋曾孙完颜麟庆带领两个儿子到大房山拜谒金太祖、世宗二陵，并绘《房山拜陵》图。

1918年

日本古建筑学家、工学博士关野贞前往金陵考察。其所见金陵犹存清代初年修葺的太祖、世宗陵碑楼建筑及陵墙等遗迹。

20世纪50年代

原河北省文物管理委员会曾对金陵进行初步调查。

20世纪70年代

1971年

房山县周口店地区坟山村，现燕山石化总公司胜利化工厂配电站，基建施工中出土6具石椁墓。该石椁墓中出土随葬品仅遗1件银鎏金面具。于杰、黄秀纯前往调查。

1972年

12月，房山县长沟峪煤矿在猫耳山断头峪基建施工中发现一组石椁墓，张先得、黄秀纯前往发掘清理。该墓由五具石椁组成"十"字形，主墓正中石椁东西向，椁内有一具柏木红漆棺，外壁用银钉嵌錾火焰云龙纹，精美绝伦。棺内随葬11件精致的雕花玉佩、花鸟饰件。其埋葬地点应属金陵坤厚陵兆域内。

1975年

因平整土地，将康熙御制"金太祖世宗陵碑"炸碎并拆毁碑楼。

1978年

金陵主陵区陪葬墓中出土一件"萧何月下追韩信"琉璃釉三彩纹饰瓷枕。赵福生前往调查。

20世纪80年代

1986年

北京市文物研究所齐心、鲁琪、喻震及房山区文委文物科科长陈亚洲对金陵进行考古调查。历时三年，在龙门口主陵区内，发现大量的汉白玉石、青石、花岗岩石的金代建筑构件，其中发现一通盘龙螭首青石碑，高2.1米、宽0.86米、厚0.25米，单面刻"睿宗文武简肃皇帝之陵"，为双勾阴刻楷书，内填朱砂，鎏金粉；并在神道南端发现一处东西宽5.4米、南北残长3米的汉白玉雕云龙纹栏板的石踏道。这是当年金陵考古中的重大突破。为此，1988年5月27日《北京日报》头版头条给予报道。

1989年

于杰、于光度著《金中都》，北京出版社出版。11月29日，邀请在京有关历史、考古、古建筑、博物馆等方面专家学者，到金陵考古工地参观考察并举行学术座谈会，对所发现的金陵遗迹、遗物进行了学术鉴定及综合研究。

北京市文物事业管理局向国家文物局提出申请，建议将金陵列为全国重点文物保护单位。

20世纪90年代

1990年

全国政协七届三次会议委员提案090号，全国政协委员郑孝燮、史树青、陈高华、姜伯勤、梁从诫、孙轶青、王世襄、谢辰生、安金槐、傅熹年等联名建议将北京房山金中都皇陵列为全国重点文物保护单位并加强保护。

1995年

10月，北京市政府公布金陵为北京市文物保护单位。

21世纪以来

2001年

3月，北京市文物研究所再次对金陵主陵区进行全面考古调查，课题负责人宋大川，领队黄秀纯。课题组首先对燕山石化区二果园占地约11000立方米进行钻探，发现8处金代砖窑遗址。

4月初，进驻龙门口村对主陵区展开调查，选了四处重点，聘请中国地质大学物探系进行物理探测，探测结果显示四处均有异常；而后又用洛阳铲析证，钻探结果显示异常点处均为较大型墓葬。遗址南北长350米，东西宽200米，总面积为65000平方米。

4月6日，宋大川、黄秀纯、陈亚洲前往十帝陵进行考古调查。

4月，中国地质大学物探系地震教研室曾校丰、钱荣毅等应邀对金陵做地质雷达探测。

7月19—25日，北京市文物研究所宋大川、齐心率领金陵课题组黄秀纯、付幸、王丹等一行九人，赴黑龙江省参观金上京历史博物馆，考察金上京会宁府遗址、金太祖陵、和陵等古迹。

9月18日，北京市文物研究所宋大川所长陪同，考古学家宿白、徐苹芳、齐心等考察金陵遗址出土石桥、石踏道等遗迹，并指导发掘工作。

2002年

4月，中国地质大学物探系地震教研室曾校丰、钱荣毅等应邀对金陵东区做地质雷达探测。

6月，经国家文物局批准，北京市文物研究所对金陵进行考古调查和试掘。项目负责人宋大川、领队黄秀纯。

10月，国家文物局局长单霁翔主持专家座谈会，宿白、徐苹芳、黄景略、刘庆柱等在京专家与会，论证金陵抢救性发掘及保护方案。

11月16日，开启金太祖钦宪皇后纥石烈氏（M6-3）凤椁。国家文物局局长单霁翔、副局长张柏，北京市副市长张矛，北京大学文博学院考古系教授宿白，中国考古学会理事长徐苹芳，北京市文物局局长梅宁华、副局长舒小峰，北京市考古学会会长齐心，北京市文物研究所所长宋大川，北京市房山区委领导等亲临现场。

2003年

7月，对金陵棂星门遗址南壁断面进行解剖，发现东西向砖铺地面的建筑遗迹。

7月4日，中国地震局信息中心冯锐等应邀参加对金陵古墓用三维电阻测试仪做电成像观测。北京市文物建筑保护设计所王伟负责设计《金陵神道遗存保护方案》。

2005年

6月，北京市文物古建工程公司对金陵主陵区神道台阶进行保护修缮，古建专家王世仁任顾问。

2006年

3月15日，姚敏苏、夏连保、黄秀纯前往十帝陵再次进行考古调查。

5月25日，中华人民共和国国务院公布金陵为全国重点文物保护单位。

2021年

3月31日，陪同北京市文物建筑保护设计所工程师居敬泽前往金陵勘察设计金陵大遗址保护规划。

2022年

11月3日，黄秀纯、陈亚洲前往金陵采访甄淑兰，撰写《九龙山上守陵人》。

11月10日，北京市文物古建工程公司总经理李彦成前往金陵考察神道台阶并拟定保护方案。

2023年

4月，北京市考古研究院副研究馆员李永强负责对金陵遗址再次考古调查。

5月31日，北京市文物局党组成员凌明副局长组织召开金陵遗址现场会议，调研金陵主陵区保护现状，考察石门峪十帝陵。北京市文物局考古处、安全保卫处、北京市考古研究院、房山区文物局和周口店镇领导随行汇报金陵遗址保护力度、措施及未来工作规划。

6月，黄秀纯著《废帝与皇陵：金陵考古史话》，以此书献给金中都建都870周年纪念。

后　记

　　金陵在中国历代帝王陵寝考古上是个缺环。20世纪80年代中期，北京市文物研究所考古工作者曾做过一些调查和发掘，但是不彻底，没有解决问题。21世纪初，北京市文物研究所重新成立金陵考古队，由我领队，经过2001—2003年的考古调查和发掘，基本搞清楚了金陵主陵区平面布局。发掘期间，北京大学文博学院考古系、考古学泰斗宿白先生，中国考古学会理事长、中国社会科学院考古研究所研究员徐苹芳先生，北京市考古学会会长齐心先生，多次前往金陵考古工地视察并指导工作。宿白先生对我说："你把主陵区平面布局搞明白了，就是对金陵研究一大贡献。"我没有辜负先生的殷切期望。三年来，艰辛的田野工作有惊人的发现和突破性成果。田野工作结束后，又进行了室内整理、绘图、照相、修复文物、查阅资料等工作。又三年，2006年11月，《北京金代皇陵》考古发掘报告正式出版，为后续研究金中都皇陵提供了翔实的文字和实物资料。

由于金陵的发掘引起了社会的广泛关注，但也产生了不少误会：有记者将神道出土的石踏道说成是石桥，更有人指出主陵区内"皋塔"下压着"金兀术坟"。为了不误导后人，以讹传讹，我以发掘者亲历的名义再写普及本《废帝与皇陵：金陵考古史话》。书中以《北京金代皇陵》发掘报告为基础，以史料为依据，阐述金太祖阿骨打睿陵、太宗吴乞买恭陵、德宗完颜宗幹顺陵、世宗完颜雍兴陵、睿宗完颜宗尧景陵位置；首次公开太宗吴乞买恭陵瘗葬形式；探讨金显宗完颜允恭裕陵、金章宗完颜璟道陵瘗葬位置及完颜宗弼埋葬之处。

2023年4月，北京市考古研究院拟定，由副研究馆员李永强负责，再次对金中都皇陵进行考古调查。希望本次考古调查能解决显宗完颜允恭裕陵及章宗完颜璟道陵瘗葬的具体位置，以填补金陵主陵区平面布局空白；争取发掘传说中"皋塔"下面的"金兀术坟"，以解决这一历史悬疑。在有生之年能看到金太宗吴乞买恭陵或金世宗完颜雍兴陵的发掘，更是我的一大心愿。

在本书编写过程中，北京市考古研究院李永强先生，在疫情期间，经考古研究院院长郭京宁同意并派车，陪我前往琉璃河工作站库房找到了遗失多年的二十余本厚相册中珍贵的照片及视频资料，后全部移交现考古研究院资料档案室保管。为写此书，李永强给我拷贝很多金陵发掘遗迹照片，并随时给我复印有关资料，在此一并感谢北京市考古研究院院长郭京宁及李永强先生。本书除署名照片外，其余均由本人提供。

在本书付梓之际，特别感谢责任编辑刘华夏，认真对书稿修改和润色，使之更加得体。本书力求集学术性、趣味性、普及考古知识于一体，同时反映考古工作者的艰辛和工作乐趣，以飨读者。

黄秀纯

2023年10月31日于古燕斋书房